写材料算怎么回事

信息写作方法论

万华 著

上海三联书店

自序
三刻三拍不必惊奇

一个想法吓自己一跳，老万要写教科书！
对了，自我介绍一下：在下老万，
在省政府办公厅当公务员、写材料，二十多年，
经常给各类文秘人员上课，讲公文写作技巧。

好多听者说："你讲的书本上没有。"
哎妈呀！这话犹如加长加厚带护翼的板砖，
把我这个低调得不像话的高手一下拍醒！
埋头写材料多年，也不看看教科书上怎么说的。
跑到书城一条街仔细找半天，地摊也没放过，
真失望！替某些教科书的作者脸红！
用官样文章讲述如何写好官样文章，
概念解释概念，既不接地气也不接官气，十三不靠。
大家知道，公文最大特点是，
单个字都认识，连在一起晕头转向，

🔊 接地气 ▸ 😄 ➕

所以一直就有"学习领会"这一说。
在老万看来，那些教科书都是写给会写的人看的；
不会写的，根本看不明白，看了白搭！
要不怎么说，教学一直就是一门学问呢。

经过这次短暂但富有成效的市场调研，
老万觉得，这领域缺一本为初学者着想的教科书。
毫无疑问，这个重任历史地落到老万的肩上。
要么不写，写出来必须惊艳！
不畅销我买块老豆腐砸自己。
老万凭着长期积累的业务实力、洞察力和真诚，
厚积薄发，落在纸上，刻意追求三大特点：

第一是说人话，不装~那啥，非礼勿言，
这本书绝对经得起任何挑剔部门的审查，
绑着沙袋跳舞，要优雅、不能污。
说人话，这个要求看似不高，
可是这年头阅读快餐化、微信猛于虎，
还有那些像霸主一样的大型商业网站，
依托可恶的大数据，根据你偶然的浏览痕迹，

🔊 学习领会 ▸ 😄 ➕

大剂量推送同类内容，麻醉认知、固化偏见，

加上自媒体的标题党横行，死劲拉拢你，

以及你心底里反感机关材料的八股文风气，

一个拉一个推，里应外合，让你懵圈，

把年轻人写材料路数带歪了，无所适从。

你快说！初学者怎么办？

相信大多数人和贾宝玉一样，顽皮怕读文章，

尤其怕读大部头的、正襟危坐的教科书。

没关系，你现在有了这本看图说话式的教科书，

利用碎片时间，在轻松愉快中掌握本领。

这是你手上这本书的第一个刻意追求。

第二，所有的举例子，百分百真题，如假包换。

也就是说，书里引用的例文材料，

都曾经被送给县领导、市领导、省领导，

甚至北京出租车驾驶员说的"海"里领导。

且慢！冷不丁把读者的政治待遇提那么高，

不会有后遗症吧？当然不会！

老万还不至于为了换几个稿费不顾组织纪律，

真题

咱是有单位的人，是在编在岗的公务员。

第三个刻意追求是，内容绝对权威！

老万对灯发誓，本书语言的活泼风趣，

绝不会影响它内容的"伟光正"。

老万在省政府工作二十多年，从没打过杂，

一直战斗在写材料第一线，全劳力，

如果写材料水平不过硬，早被打发到收发室了！

所以说，购买这本书，你完全可以放心，

绝对符合《党政机关公文处理工作条例》，

符合《中华人民共和国国家通用语言文字法》。

如有误人子弟，你指出来，怎么骂我都不还手。

知乎的"神回复"有什么共同点？

揭示事物本质！在还原真相中找到风趣。

本书就是揭示机关写材料的本质，

在追求真相中，让你学到本领并会心一笑。

这本书写给谁看？

老万牵挂的第一顺位读者是，

神回复

省、市、县、街道、乡镇的公务员，尤其是文秘，
还有准备参加公务员考试的应届和往届生，
"考试后，你就成了我"，
还得是祖坟冒烟的幸运者才行，
尽管不如前些年吃香，但公考还是高比例淘汰。

第二类是事业单位、国企办公室文秘。
当然也包括外企、私企办公室文秘。
为什么国企排在前面？不讲国民待遇吗？
当然不是！老万觉得国企文牍现象更甚，不承认吗？

第三类读者是更广泛的"办公族"。
从职员到主管、经理、总监、大当家的总瓢把子，
官再大也有上级，并不总是口头汇报工作。

不是办公族，也别事不关己、高高挂起，
人生在世，谁敢夸海口永不写材料，哪怕一张借条呢？
多学一样本事，可以少说一句求人的话，
有备无患，谁买这本书谁幸运！

这篇文字在老万肚子里踢打翻滚的时候，
原想用于沟通责任编辑当敲门砖的。
写到这里发现，适合作为自序。
书，要有序，俗就俗吧。
打定主意！本书不请名人写序，
自己撸一篇，吃烤串那么随意，
要不怎么让人相信你有真货。
装帧方面，不要腰封！不要名人推荐！
肚里有货，何需别人背书，还嫌风气不够颓废？

天呐！这块板砖真是一砖多能，
先拍自己，后拍责编，再拍读者。
三拍中的后两拍，高抬起、轻落下，拍马屁的拍。

亲！如果你有耐心读到这里，
那么，说明这篇序言起作用了，
就像鲁迅说的旗袍外裸露白膀子，
引诱你买这本书，老万成功了！
其实，这更是你的成功！
学到手艺，你的幸运就开始了。

公考 ►

幸运 ►

目录

无印良品

写材料

方法篇

不管三教九流，老万把朋友分为两大类：
会写材料的、不太会写和不写的。
不同读者打开这本书的方法应该不同，
下面，请你对号入座。

如果你文字水平在单位甚至更大范围得到认可，
你也不必觉得买这本书花了冤枉钱，
其实，你买的不是 1 本书，而是 3 本：
一是讲解写材料方法的教科书，
二是分析信息简报规范的研究专著，
三是朱德庸或者几米的漫画书，
全是老万原创的段子，含"笑"量很高。

如果你确认自己是写材料熟手甚至高手，
可以忽略本书的第一、第三部分，
但既然买都买了，不妨随便翻翻呗，
也许，你有闲心可以挑挑毛病。

买都买了

发现什么问题，千万别憋肚子里，
用手机扫下一页的二维码，马上向老万吐槽。
凡留言、必回复，在线交流互动。
老万保证，一言不合就给你发红包！
红包大小，与你意见的价值大小成正比。

你的宝贵意见，不但再版的时候会修改进去，
而且还会注明，是谁那么有水平提的意见！
我是说，如果这本书有再版机会的话。

如果单位领导对你写的材料经常不太满意，
而你又自我感觉良好，那有可能产生两种想法：
要么觉得领导粗枝大叶，没看到你出彩的地方；
要么认为领导故意刁难你，给你穿小鞋。
这样下去，你与领导闹别扭是早晚的事，很危险！
怎么避免把领导的好心当成驴肝肺？
你已购买本书，那么，危险就不应该再有了。
接下来你要做的就是，精读这本书，
从第一章开始看，循序渐进。
当然，如果你也想和写材料高手一样待遇，

发红包

现在就扫二维码互动，也没人拦着，
老万天生好为人师，等着你的提问和讨论。

找老万聊天，扫左边的；
看老万公众号其他文章，扫右边的；
你也想和老万一样写本书，
扫中间的，找上海三联书店，
他们的编辑都是有学问的帅哥美女。

上海三联书店

第一章
写材料确是一门学问

开始讲解信息写作之前，先做个小测试，
不是为了热身，而是为了给读者分类。
你刚才读前两页内容，在心里给自己分了类，
但是，自己给自己分类可能不靠谱。
写手不像车工，用机器车个螺丝帽，
质量好不好，检测一下就知道。

写材料的人一般很难客观评估自己、认识自己，
鲁迅先生早就说过，文学青年是最难缠的。
难就难在，材料好坏虽然有标准，
但只存在于高手的脑子里、眼界里，
DNA 无法检测，质量技术监督局也不能备案。
尤其是初学者，经常不理解领导的修改，
总认为已经写得够好了，才交给领导，
如果知道不够好，一般会修改完善后才上交。

除非消极怠工或故意捣蛋。

鲁迅

所以，老万现在要请你做几道测试题，

这张试卷只能算是最初步的、入门级的，

是对官样文章直觉感悟的测试，简称"官感"测试。

请注意！这些题目看上去稀松平常，

但千万不要掉以轻心，难度与奥数有得一比。

阅读理解测试题

请阅读下面各自独立的7个句子(或词语)，看看有无不妥？哪里不妥？你理解的意思是不是作者的初衷？埋设了"猫腻"你能不能识别？

第1题：新婚快乐

第2题：喜气临门

第3题：股市近期将以振荡为主,已经被套的投资者建议做好高抛低吸,降低持股成本。

第4题：房价短期大幅度下跌的逻辑并不存在。

第5题：本品绝无任何防腐剂、增稠剂。

第6题：县教育局今天官微回应网传该局局长贪污3000万、拥有18套房一事,称此事"不属实"。

第7题：1992年两岸两会秉持相互谅解、求同存异的政治思维,进行沟通协商,达成若干的共同认知与谅解,我尊重这个历史事实。

🔊 官感 ▶   😀 ➕

看完，请思考几分钟，然后参考下面分析：

第1题：新婚快乐

第2题：喜气临门

事情要从老万读小学时的遥远年代说起，

上面8个字，写在大红色的纸上，

当年的小万，受委托写的两副对联的两个横批，

写于邻居举行婚礼当天，

新婚快乐，准备贴在卧室门口，

喜气临门，贴在大门口。

刚写完，墨迹没干，还没来得及得意，

被正在一旁观摩的三舅好一顿教训。

三舅的原话记不清了，他的意见整理、抄清如下：

新婚快乐应该改为新婚幸福。

快乐是广谱适用的一般的高兴；

而幸福专用于家庭、亲情、人伦。

喜气临门改为喜气盈庭更合适。

🔊 抄清 ▶   😀 ➕

"临"从时间概念讲，表示将到未到，
用来描述婚礼筹备期间的氛围比较合适。
而这副对联不但管当天，还要管今后一段时间，
所以，"临"字显然是很不合适的。

另外，还有"门"字也不合适！
三舅说：喜气盈门也不太好。
门，只是一个框，充满一个门框的，
可以是喜气，也可以是蜘蛛网。
门与庭，是二维平面与三维空间的区别。
人们希冀的是，整个家庭、整个庭院都充盈喜气！

第3题： 股市近期将以振荡为主,已经被套的投资
者建议做好高抛低吸,降低持股成本。

如果你炒股，经常会听到股评家说这样的话。
"高抛低吸"可以说是股民最根本的方法论，
也是所有在赌场混的人的终极追求，
但现实情况是，90%的股民会把成本越做越高！
相信每个人在入市初期都有类似血泪体会。

> 临门一脚,
> 总不是在门
> 内踢的吧?

> 如果家里
> 有庭院的
> 话。

如果你已经掌握短线"高抛低吸"技巧，
那你自己也可以做顶尖的股评家了。
所以，这是一句对新股民可能产生误导、
而对老股民没什么用处的官样文章式的话语。

第4题： 房价短期大幅度下跌的逻辑并不存在。

这还是一句典型的官样文章式的话语，
其中隐藏了自我防护"止回阀"和"漏电保险"。
"短期"是多长时间？"大幅度"是多大幅度？
没有公认标准，接下来无论房价怎么走都没错。
开发商说这句话的时候，心里未必有底，
他们以为自己是在强打精神说假话。
而许多人也真的把它当假话听，结果——
对不起，老万写到这里已经哽咽了，残酷！

哭完之后，老万还要顺便补一刀：
即便是房地产专家、开发商这么敷衍的话，
过去二十多年，老百姓也只有两三次机会能听到，
而且每一次都是刚需们买房的绝佳时机，

> 哪一行没
> 有几招混
> 饭吃的把
> 戏?

> 在此,老万和
> 那么多北漂、
> 上漂、广深漂
> 的同胞一起
> 哭泣3秒钟!

但是，大多数人都把它当成纯粹的假话了。

第5题：本品绝无任何防腐剂、增稠剂。

看到某产品说明书上的这句话，

大多数人会产生"这是好产品"的判断，

那么，你肯定是上当了！

你上的是常识不够的当，也是对文字不敏感的当。

本品除大豆、纯净水、食盐外，绝无任何添加。

如果把这句话放在一起对比着看，

你一定能做出正确的判断：

后者才是真的无添加，前者打了埋伏啊！

> 积重难返的食品行业，套路很深！

可以放进食品中的远远不止这两种"剂"。

食品安全问题政府再不好好管起来，真要上天了！

第6题：县教育局今天官微回应网传该局局长贪污3000万、拥有18套房一事，称此事"不属实"。

这种声明一般出现在什么情况下？

网传某人腐败，当事人所在单位急吼吼出来撇清，

在不做任何调查的情况下，

第一时间抢先否定了再说，

 抢先否定

试图先入为主，尽快阻止"谣言"传播。

殊不知，这段典型的官样文章的声明，

必然引发更大的遐想空间：

> 感觉教育局新闻发言人是猪队友、高级黑！

到底是3000万不属实，还是18套房不属实？

不是18套房，那么是10套？8套？

如果你觉得以上几道题都比较小儿科的话，

那么，真正有难度的来了：

第7题：1992年两岸两会秉持相互谅解、求同存异的政治思维,进行沟通协商,达成若干的共同认知与谅解,我尊重这个历史事实。

这是台湾地区现任领导人——

脸型和发型与高晓松酷似的那位，

> 心疼高晓松1秒钟！

在几年前就职演说中的原话。

当天，不少人抢发朋友圈并评论：

"高晓松"不敢违背两岸大多数同胞的共同意愿，

不得不承认"九二共识"。

以老万对文字的职业敏感，

凭直觉，这段话里面有文章，

 高晓松

但还不敢态度明确地做出判断：

"高晓松"到底有没有承认"九二共识"？

如果以数小时后

咱国台办对就职演说的回应为标准答案，

那么，之前一部分网友的理解是不太准确的。

当然，国台办并没有闲工夫仔细抠字眼。

下面，老万试着对这段话分析一下：

> 他们不屑和老万抢活。

"达成若干**共同认知与谅解**"的潜台词是，

当年谈判既有共同点，也有很大分歧。

正因为有分歧，所以才需要妥协、谅解。

请注意！用"**共同认知**"而规避了"共识"二字，

至少在表达形式上与你要求我表态的有所区别，

我既不是鹦鹉，也不是乖乖听话的复读机。

当然，这其中也有两岸用词习惯的差异，

大陆一直以来比较常用的是"认识"这个词，

比如，我们常说"提高思想认识"；

复读机

"**认知**"这个词是改革开放后从港台地区输入的。

年纪稍长的都知道，类似的港台输入词汇还有：

列举两岸差异词汇

检视（审视）、**管道**（渠道）、**透过**（通过）、
周遭（周围）、**讯息**（信息）、**考量**（考虑）、
质素（素质）、**特质**（特点、特征）、
货柜（集装箱）

"我尊重这个历史事实"的意思是说：

我尊重 1992 年确实进行过沟通协商这个事实，

而不是尊重达成的共识。

或者说：我既尊重达成的共识，

也尊重那些还需要双方妥协、谅解的分歧。

分析完这段文字，不知道大家有没有这样的感觉：

第一，凡是政党、政权、企业等各类法人，

一般来说"性格"总不会那么直爽明快。

一方面，不能你让我说什么我就说什么；

另一方面，已有"一中各表"成例在先，

> 否则，还怎么在江湖混？

再来个"九二各表"的官样文章把戏，试探底线。

考量

第二，对两岸同宗同源又增添了一层新认识：

连做官样文章都那么相似！

真的是一个娘胎里出来的！

真的是一个师傅教出来的！

这样的两岸同胞，还有什么分离的理由！

　　第三，"高晓松"为了既不触怒大陆，

又不在那些给自己投票的选民面前跌份，

让她的文字高手们狠下了一番功夫！

作为文字工作同行，老万深深感到，

仅从这一小段文字就完全可以看出：

> 这绝对是省级机关的文字水平！

一般小单位写不出这么"高水平"的文字。

　　如果你刚才的测试结果不太理想，

那么，从今天、现在、此刻开始，

对带教你写材料的领导或老师，要改变看法和态度。

改变的方法有两种，请结合具体情况选用：

一种是关系没闹僵的，只要把你的转变落实在行动上，

你的领导或带教老师，过些日子自然会感觉到。

另一种是已经或快要闹僵的，

你必须向领导释放明确的请求和解的信号。

你的这个善意的信号，怎么传递比较好？

当面正式谈一次，当然可以！

但是，那样不是让双方觉得尴尬吗？

　　老万有一种让大家都比较体面的方式：

请你现在暂停阅读，拿起手机，扫描二维码，

关注老万的微信公众号"公蚊不咬人"，

其中2个帖子适合做为媒介，题目分别是：

"你在单位写材料吗？

请做几道奥数难度的语文测试题"

"衡量公文写作水平的三八线"

你在朋友圈或领导所在群里转发这2篇或任一篇，

让你现任或曾经的上司、带教老师看见，

他就一定能收到你释放的善意信号。

为什么把句子写在中间？

我在尝试把说明文写成诗歌。

消费者： 我来投诉。

食药监局： 什么事？

消费者： 我投诉餐馆的炒鸡蛋有添加。

食药监局： 餐馆是怎么说的？

消费者： 他们承认添加了柠檬黄，但他们说这是规范允许的添加。

食药监局： 没错，柠檬黄确实是允许添加的。

消费者： 为什么要允许添加？

食药监局： 也不要一听添加剂就谈虎色变，没有添加剂就没有现代食品工业，有些添加剂对改善食品的口味、性状、延长保质期还是有帮助的。

消费者： 我就问一句，你们家炒鸡蛋放不放柠檬黄！

柠檬黄

第二章

可能需要把概念颠覆一下

在我们从小学到大学的求学阶段，
每一门功课都是从基本概念入手开始学习的，
但是，现实生活中却基本上是相反的。比如：
大多数人应该会有这样的生活经验，
个人电脑或手机遇到操作问题，
首先想到的求助方式，是问身边的同事朋友，
而不是去翻阅厚厚的教科书。
口头表达几句话可以解决的事情，
教科书上要写三五页甚至十几页，
从基本概念开始，叨叨叨，叨叨叨，
看一遍还未必马上能整明白。

> 买电脑附送的微软操作系统说明书，大多数人没怎么翻过。

如果不是应对考试，概念其实并不重要。
下面，让我一边举例子一边解释写信息技巧吧。

说明书

这是一篇反映拆除违法建筑工作的信息稿:

例文（1）

今年以来，江山县认真贯彻市委、市政府整治违法建筑总体部署，取得显著成效，**1-6月全县累计拆除违法建筑**3000间。主要做法:**一是领导高度重视，落实组织保障**。成立了违法建筑治理专项工作领导小组，由县长担任组长，规划、房管、公安、城管、工商等部门及各街镇是成员单位，办公室设在县规划局。**二是对违法建筑多发小区开展集中整治**。其中，幸福住宅小区、光明餐饮一条街存在的一批多年想拆没有拆成的违法建筑钉子户被一举拔除。居民群众对政府雷厉风行的工作作风给予称赞。**三是努力巩固治理成效，力争形成长效常态管理机制**。城管执法人员加强日常巡逻发现，鼓励居民举报，确保正在搭建的违法建筑消除在萌芽阶段。

> 就像贾宝玉说:这个妹妹好像哪里见过的。

不管你在什么单位，但凡接触过一点文字工作，都会觉得这篇稿子的格式、文风非常熟悉，用它更新本单位的门户网站内容，没问题吧?

🔊 钉子户 ▸ 😊 ➕

用它给当地的报纸杂志、电台电视台投稿，
只要不是关注王菲的婚结了离、离了结的八卦媒体，
都会刊登（播送）这种四平八稳的稿子。

当我们批评一个人或一篇稿子，
比较有情商的做法是，先以表扬的方式打开。
这篇稿子好在哪里呢?
它抓准了政府工作的一般套路，或者说规律，
那就是，对于积重难返的矛盾和问题，
首先突击整治，然后，再建立长效机制。
写三方面工作措施的篇幅差不多，外观平衡。
还有，语句流畅、准确，说明作者文字基础扎实。

> 那当然啦，已经被老万修改过了嘛。

例文（1）的可取之处

■ 采用**成效+措施**的常见结构，简洁明了，外观平衡。

■ 对于积重难返的问题，采取**先突击整治+努力建立长效机制**的写法。抓准了政府工作的一般规律。

■ 写**领导重视**篇幅较短，点到为止，把握得当。**领导重视**是信息材料不得不写、不能多写的内容。

■ 通篇语句通顺，意思表示非常清楚，文字准确、简练。

🔊 领导重视 ▸ 😊 ➕

如果你在乡镇机关属于借调、编外人员，
能写出这样语句通顺、逻辑上站得住脚的文字，
恭喜你！有希望很快转为正式编制。
如果你在县衙做刀笔吏，也对得起那单薄俸禄。
可你要是在市里、省里上书房行走，那恐怕难混。

如果你还停留在经常写这种稿子的水平，
那么，你此刻应该对我的说法产生疑问：
这稿子写得没什么问题啊！怎么就市里难混了？

作为文秘，你知道，你写东西是给你 BOSS 看的，
还有 BOSS 的平方、立方、N 次方看的。
现在，我来问你：
你自己有没有兴趣阅读这篇稿子？
如果连你自己都不想看，你还想给谁看？

下面，我们重点分析存在的不足，
两个毛病：一个浅显的，一个隐晦的、深层次的。

 编外人员

先从简单问题入手：这稿子缺乏应有的数据！
通篇只有一个孤零零的拆违 3000 间的数据，
没有对比，不足以说明问题，多少是多？

干嘛要人自行车！

经过提醒，请你现在再读一遍例文 1，
读完之后，走心的读者估计有三个疑问：
第一，年初市里部署这项工作，江山县排摸发现多少？
第二，有没有顶风作案、一边拆一边建的情况？
第三，目前进度与计划对比怎么样？

例文（1）存在数据缺失问题

1月份市政府部署，全县排摸发现多少？拆除3000间，目前剩多少？准备什么时候拆完？

1—6月新产生多少违法建筑？新产生的及时拆除了多少？

1月份有没有设立年度工作目标？目前的进度是否达到年初的预期？到年底将达到什么样的进度？

一般来说，把以上的必要数据补上，
基本也算一篇合格的信息稿或新闻稿，
作为门户网站更新内容，也还不错。

 排摸

但是！在机关工作过的都知道，

凡出现"但是"，那么之前说的都不重要了。

如果碰上老万这样有水平而且要求高的编辑，

就会一眼挑出一个隐藏比较深的毛病：

为什么这次能把那么多违法建筑拆掉？

而以前为什么没干成？现在与以前有何不同？

这是这篇稿子存在的深层次问题。

应该深入分析这次究竟是解决了思想根源问题，

还是采取了与以往明显不同的创新措施？

甚至是一篇博士论文的容量？

经过以上分析，你会不会觉得修改稿将会很复杂？

要把深层次问题和几组数据写清楚，需要几千字？

当然不是！老万的修改稿与原稿篇幅差不多，

但是，对上述诸多疑问都基本有了交待。

请注意！所有修改都应该基于事实而不是编造，

假如江山县的拆违工作真的是这样的情况，

 博士论文

我们才能把稿子修改成这样：

 例文（1）修改稿

今年以来，江山县认真贯彻市委、市政府整治违法建筑总体部署，取得显著成效，1—6月全县累计拆除违法建筑3000间，**完成全年计划的70%**。县里近日提出了**明年任务今年完成、三年任务两年完成**的新目标（**累计将再拆违1.5万间**），要求各乡镇、开发区进一步统一认识，放弃观望，纠正部分干部存在的拆违影响经济发展的错误认识。对幸福住宅小区、光明餐饮一条街集中拆违过程中无抗法、无上访的有关情况，正抓紧总结形成可操作、可复制的做法和经验，在全县推广。将坚持一手抓好治理成效的巩固，防治回潮；另一手抓好**边拆边建顽症治理**，城管执法人员加强日常巡查发现，鼓励居民举报，将正在搭建的违法建筑消除在萌芽阶段，力争形成长效常态管理机制。

三组缺失的数据，修改稿直接反馈了两组，

既有绝对值，也有百分比；既有今年，

顽症

> 两行字写清楚那么复杂的数量概念，太精彩了！

也有三年；既有原计划，又有新目标。

第三组疑问：上半年有没有新产生的违法建筑？

稿子里虽然没有直接、正面给予反馈，

> 以报喜为主基调的稿子，在不起眼的地方、用含蓄的语句报忧，也行吧。

但是，把这个内容作为工作难点提出来了，

即边拆边建的顽症是存在的，我们也注意到了，

并且将作为下一阶段的治理重点。

为什么以前没干成而今年干成了？

修改稿指出了深层次原因：

> 其实，这也可以理解为县领导自身扭转了观望心态。

纠正了拆违影响经济发展的错误观点，

促使部分存在观望心态的干部扭转了思想。

例文（1）修改稿的分析点评

———————————— ▼

今年以来，江山县认真贯彻市委、市政府整治

违法建筑总体部署，取得显著成效，1—6月全县累
明显超额完成计划进度
计拆除违法建筑3000间，完成全年计划的70%。县
县里自我加压
里近日提出了明年任务今年完成、三年任务两年完
写清了具体数量
成的新目标（累计将再拆违1.5万间），要求各乡

⏪) 自我加压 ▸ 😊 +

镇、开发区进一步统一认识，放弃观望，纠正部分
客观反映了基层干部心态，反衬县里决心很大
干部存在的拆违影响经济发展的错误认识。对幸福

住宅小区、光明餐饮一条街集中拆违过程中无抗
换了种方式自我表扬
法、无上访的有关情况，正抓紧总结形成可操作、
将来可能全市全省推广
可复制的做法和经验，在全县推广。将坚持一手抓
客观指出目前的痛点，也是下步重点
好治理成效的巩固，防治回潮；另一手抓好边拆边

建顽症治理，城管执法人员加强日常巡查发现，鼓

励居民举报，将正在搭建的违法建筑消除在萌芽阶
提出长远方向和目标
段，力争形成长效常态管理机制。

通过这篇例文的剖析，

老万想传递这样一个理念：

老万划重点

> 报送给上级单位的信息，总是想让读者看明白的吧！因此，应该把必要的数据和情况和盘托出，不能漏写，更不能掩盖、隐藏。

⏪) 和盘托出 ▸ 😊 +

例文（2）

　　江山县探索行政审批"容缺"机制，加快重大工程项目建设。1—6月已有48个项目实行新机制。主要措施：**一是完善制度设计，探索"容缺"机制**。制定了《县政府投资项目管理办法》，县发改委的工程建设可行性评估审批，除规划选址和编制资质之外，其余评估要件可同步开展评估，后期补齐材料即可。县建委也在建筑工程许可等领域开展相应试点。**二是优化服务管理，主动加强指导**。对于实行容缺预审的项目，主动指导申请人准备报批材料，资料齐全的，24小时内送达领导审核。**三是加强事中事后监管，确保容缺不熔断**。实施"双随机一公开"监管，建立"红黑名单"制度，纳入失信惩戒，在下次招投标时予以加减分。

老万作为编辑，看到这篇稿子，当时的直觉是，
选题很好！抓住了企业和总理共同的痛点，
适合报送给市里、省里，直至中南海。
例文2就不享受先表扬后批评待遇了，直接说问题！

🔊　容缺　▸　　　　　　　　😄 ➕

这稿子不知道作者愿不愿意写清楚，
读起来深一脚浅一脚，抖音的感觉，
作者似乎不知道应该把哪些内容写清楚！
这篇信息也反映出，该信息员只是当了二传手，
对自己要写的工作基本不太了解，
或者，虽然有所了解，但不知道哪儿是重点。
其中，最核心的"容缺"机制是什么？怎么操作？
好像写到一点，但没有写清楚。

老万觉得，作为行政审批改革领域的内容，
上上下下不是都在说可复制、可推广吗？
没写清楚，那还怎么操作，怎么复制推广？

信息员首先自己要弄明白是怎么回事，
要询问、核实，有时需要开展调研，
先搞清楚，然后才能写清楚。

> 打个电话问下，是最袖珍的调研。

下面，老万根据询问了解的情况，修改如下：

🔊　袖珍调研　▸　　　　　　　　😄 ➕

例文（2）的修改稿

　　江山县探索行政审批"容缺"机制，有效加快工程项目前期工作进度。为有效提升重大工程、重点产业和重要实事项目审批速度和服务水平，该县探索**在受理审批申请时，允许暂缺部分材料（只要申请人书面承诺限期补齐）预先受理审批**，以缩短周期、减少企业往返次数。其中，**县发改委受理**的工程建设可行性评估审批，原需备齐规划选址、编制资质、土地预审、节能审查、维稳评估5项要件，现在除前2项必备外，其余3项可暂缓提供。如，**临海外国语学校项目**，5个要件中的土地预审尚未完成，通过容缺审批，10个工作日就取得了评估报告，比法定审批周期节省30个工作日。**县建设局**在建筑工程许可、挖掘城市道路许可等5项行政审批中应用该机制，今年来共对48个建设项目实行了容缺审批，涉及容缺材料87项。同时，加强事中事后监管，建立"红黑名单"制度，纳入失信惩戒，在下次招投标予以加减分。

修改稿用90%的篇幅解释什么是容缺、怎么操作，以及在什么项目应用、效果如何，写得很细。

事中事后

修改意图请看下面的弹幕图：

例文（2）修改稿的分析点评

标题

　　江山县探索行政审批"容缺"机制，有效加快工程项目前期工作进度。为有效提升重大工程、重

新政的适用范围，也是新政的目的
点产业和重要实事项目审批速度和服务水平，该县

探索在受理审批申请时，允许暂缺部分材料（只要

对容缺这个概念进行解释
申请人书面承诺限期补齐）预先受理审批，以缩短

做法之一，详写
周期、减少企业往返次数。其中，县发改委受理的

工程建设可行性评估审批，原需备齐规划选址、编

制资质、土地预审、节能审查、维稳评估5项要件，

现在除前2项必备外，其余3项可暂缓提供。如，临

举例说明
海外国语学校项目，5个要件中的土地预审尚未完

成，通过容缺审批，10个工作日就取得了评估报

告，比法定审批周期节省30个工作日。县建设局在

做法之二，略写
建筑工程许可、挖掘城市道路许可等5项行政审批中

应用该机制，今年来共对48个建设项目实行了容缺

改革的救济措施，也称配套措施，略写
审批，涉及容缺材料87项。同时，加强事中事后监

管，建立"红黑名单"制度，纳入失信惩戒，在下

次招投标予以加减分。

突破小标题的框架，突出重点

弹幕

借这篇稿子的剖析，顺便讲一下布局谋篇问题，
三五百字的稿子也需要考虑布局谋篇吗？
对的，短的稿子对结构也有讲究，不要掉以轻心！

这篇稿子的结构是**概念—操作—效果**三个层次，
由浅入深、层层递进，一层比一层更具体。
第一句解释什么是容缺概念，这很有必要，
对许多人来说，这是个新鲜事物；
第二句写发改委在审批中是如何操作的；
第三句写容缺机制在某具体项目中的运用效果。
其中，写概念和操作，列出了全部申办要件，
写效果，对比了前后办事周期，非常直观。

另外，写发改委的情况，相对深入；
再后面，写建设局的情况，就一笔带过，
主要是增加面上情况，增加内容的"宽度"。

通过分析修改，老万特别想对初学者说：

老万划重点

报给上级单位的、以汇报或交流功能为主的
信息稿件，最关键的是，必须把某项工作的
全部要点和盘托出。

分析之后，老万要为当事的信息员辩解一下，
批评这篇稿子没写清楚，可能有点冤情。
在目前强调改革必须于法有据的大环境下，
像这种打现行法规政策擦边球的改革探索，
也许县里会有压力，不想多宣传。

机关常说
"只做不
说"。

分析了以上两篇例文，我们回过头查一下信息定义，
百度百科给政务信息下的定义是这样的：

百度百科的信息定义

　　政务信息是信息的一个重要门类，是政务活动中反映
政务工作及其相关事物的情报、情况、资料、数据、图
表、文字材料和音像材料等的总称。政务信息应当同时符
合三个条件，一是由政府机关掌握的信息，是指政府机关
合法产生、采集和整合的；二是与经济、社会管理和公共
服务相关的信息，三是由特定载体所反映的内容。

尽管百度曾经把不明真相群众引向某系医院，
但是平心而论，百度关于信息的定义没什么毛病。
可是！作为初学者，你觉得这定义有用吗？
我是说，对你加深对信息的特点的理解、
对你判断自己写的信息是否符合要求，
从而有针对性地去提高写作水平，有用吗？
如果没用，那么，定义这东西到底起什么作用？
用来死记硬背应对考试吗？
那么，出于对初学者有帮助的初衷，
老万给政务信息下个不严密的定义如何？

> 老万知道，至少公务员考试不会考这种定义。

老万给政务信息下的不严密定义

政务信息是把应该报送的重要事项的全部要点都写清楚、希望得到上级简报采用的一种文字材料。

老万觉得，判断信息稿写得好不好，
最基本要求是，能不能让人看明白，

尤其是提供给上级单位的信息，
首先你要让上级单位的信息简报编辑能看懂。
但凡有点责任心的编辑，
不会把自己没闹明白的材料报领导。
所以，没怎么写清楚的信息，会被编辑枪毙！
广大信息工作的同行们，让我们祈祷：
上级编辑的水平别太差啊，阿门！

> 还想不想在这岗位待了？

 不明真相

 上级编辑

第三章
了解起码的工作常识

写好一般的信息稿件，需要 get 哪些技能？

以老万的认知，按大类粗放归堆、简而言之就是，

工作常识 + 初中语文知识。

初中不够？那就高中，顶破天了。

你将信将疑？那么请看下面例文：

再涨身价
我就不要
了！

例文（3）

江山县上半年外资招商取得显著成效。1—6月吸收合同外资2.8亿美元，同比增长68%，已完成年计划80%；外资企业纳税同比增长38%。主要做法：**一是健全体制机制**。年初将考核指标分解到各乡镇、园区，确定了分管领导和联络员。目前考虑将要进一步把招商涉及的规划、土地等资源要素收归县里

») 招商 ▸   😄 +

统筹，发挥集约效应。**二是强化与大企业深度合作**。今年以来，与中化集团、美国灰狗集团签署了三方合作框架协议；与地中海邮轮签订了战略合作意向书，将在江山发展邮轮配套产业体系；与高通集团洽谈芯片项目扩大产能新建第二条生产线事宜。**三是拓展信息渠道**。全面加强与市商务委、外资投促中心、招商中介沟通，其中，与戴德梁行等已基本达成合作意向。8月份还要抓住市商务委2017领馆答谢会在江山举办的机遇，进行专题招商。

从现在开始，表扬的话咱都省了，直接说毛病。

这篇稿子的最大毛病在于，

工作措施与工作效果之间，不太搭。

工作效果是合同外资、外企税收增长，

而上半年签的大多是框架协议、战略合作意向书；

虽然谈笑有巨贾，招商人气爆棚，

但不能构成对合同外资指标的贡献，

不是支撑上半年成效的措施。

1—6 月纳税额更不是上半年措施的结果。

») 框架协议 ▸   +

每次签约仪式，为什么后面要有一排站台的？

主要盯着签合同的人别写错别字。

本文涉及招商工作的基本常识，
从招商签约到产生成效有个过程，
不同类型的企业产生税收的周期如下：

从招商签约到产生税收的周期

非制造业企业

不用自己盖房子，拎包入驻办公楼，当季可以产生税收。

制造业企业，入驻标准厂房的

从买设备、招工、组织生产，最快也要一两个季度产生税收。

制造业企业，从盖厂房开始的

即便特事特办，边办手续（要盖几十上百个图章）边建设，起码三个季度后产生税收。

 站台

从建厂房开始，当年产生税收，这是极限速度。只有在前些年先上车、后买票普遍盛行时才能做到，还必须是《亮剑》李云龙式的书记县长雷霆推进。

反映复杂事项需要注意

- 措施与成效的合理呼应；
- 静态情况与动态情况的起承转合；
- 过去、现在、将来的工作脉络需要理顺。

从原稿可以看出，无论是当期数据，
还是目前招商洽谈的热闹景象，
都表明本县外资发展势头很好，值得总结，
关键要写得符合常识、合乎逻辑。

 例文（3）修改稿

今年以来江山县外资招商持续保持旺盛势头。先后与中化集团、美国灰狗集团签署了三方合作框架协议；与地中海邮轮签订了战略合作意向书，将在江山发展邮轮配套产业体系；与高通集团洽谈芯片项目扩大产能新建第二条生产线事宜。**从上半年情况看，该县延续了自"十三五"以来的招商良好势头，主要取**

 李云龙

决于县委、县政府下大力气狠抓外资招商工作，去年和今年都将考核指标分解到各乡镇、园区，确定了分管领导和联络员，压实各级工作责任。今年1—6月，吸收合同外资2.8亿美元，同比增长68%，已完成年计划80%；外资企业纳税同比增长38%。下一步，将全面加强与市商务委、外资投促中心、招商中介沟通，与戴德梁行的合作意向将深化细化。8月份要抓住市商务委2017领馆答谢会在江山举办的机遇，进行专题招商。考虑在发挥乡镇、园区积极性的同时，加强县里对规划、土地等资源要素的统筹作用。

> 这只能算记叙文的倒叙或插叙写法，谁敢说超出初中语文水平？

修改后，逻辑关系基本理顺了：
因为去年抓得紧，所以带来今年上半年两个好：
一是数据很好看，二是势头很好、很威猛。
外商近悦远来，江山县处在十八级台风的"风口"，
可以肯定，下半年乃至明年的外资工作会更好。

> 昨儿刮，今儿刮，明儿还刮。

原稿主要写的是上半年情况；
修改稿立足上半年、放眼前后三年。

插叙 ▶

原文还有一处硬伤：
县里将要对招商工作加强统筹。
这句话是一般将来时，还没开始做呢，
统筹的好处是有利长远、有利全局，
可是它影响眼前的业绩怎么说？
修改稿把它放在全文的最后一句，
体现县领导不为眼前成绩所迷惑，
站高看远，正在追求更高质量的发展。

> 乡镇主要领导最怕统筹二字，说白了就是把自主权收县里去。

下图红色字体弹幕标注修改意图：

例文（3）修改稿的分析点评

标题
今年以来江山县外资招商持续保持旺盛势头。先
先描述招商洽谈的热闹景象
后与中化集团、美国灰狗集团签署了三方合作框架协
议；与地中海邮轮签订了战略合作意向书，将在江山
这些世界500强的著名大公司与本县洽谈，这本身就很能说明问题
发展邮轮配套产业体系；与高通集团洽谈芯片项目扩
大产能新建第二条生产线事宜。从上半年情况看，该
这是一句插叙，表明不但今年好、近两三年的招商情况都很好
县延续了自"十三五"以来的招商良好势头，主要取
决于县委、县政府下大力气狠抓外资招商工作，去年

统筹 ▶

主要原因是层层落实责任制

和今年都将考核指标分解到各乡镇、园区，确定了分管领导和联络员，压实各级工作责任。今年1—6月，吸收合同外资2.8亿美元，同比增长68%，已完成年

做了充足铺垫之后再写数据成效，显得顺理成章

计划80%；外资企业纳税同比增长38%。下一步，

下一步仍然抓得很紧

将全面加强与市商务委、外资投促中心、招商中介沟通，与戴德梁行的合作意向将深化细化。8月份要抓住市商务委2017领馆答谢会在江山举办的机遇，进行专题招商。考虑在发挥乡镇、园区积极性的同时，

居安思危，走集约发展、高质量发展道路

加强县里对规划、土地等资源要素的统筹作用。

老万举例子只能是这种通识性的，像量子通信什么的，老万也不懂。

老万划重点

> 写材料的逻辑问题、思路问题，其实很大程度是因为缺乏工作常识。

　　在机关工作，必须有比较广博的常识。
　　例3是经济常识，下面例4是法律常识。

　　细心的读者可能发现一个问题：
　　这几篇修改稿都把原文一是二是三是的小标题去掉了。

是不是三五百字篇幅的信息稿件不提倡这样用？

　　老万觉得，小标题的好处是便于轻松阅读，能加则加，别硬加，关键看内容，形式服从内容。

例文（4）

　　江山县积极稳妥推进教育培训市场整治工作。该县按照市里3月份的部署，利用社区网格化管理的基础，对全县教育培训机构进行了全覆盖的排查治理。其中，对47家**无证无照**的进行依法查处，发放了35份《责令停止经营活动通知书》，关停12家，对这些执法对象责令退款，加强跟踪，防止卷款逃走事件发生。对54家**有照无教育培训资质**机构和20家**有照有证**机构，下发《行政指导书》，要求这些机构向执法工作组提交《承诺书》，确保8月底完成规范和整治。同时，该县还将加强风险防控，协调做好安置和学生退款事宜，视情协调正规培训机构接管托底，防止矛盾激化。采取发放暑期告家长书等形式，引导学生和家长自觉抵制非法培训机构。

　　这篇稿子，作者对不同的管理执法对象，有一点分类的意识，但还是写得比较笼统，

胡子眉毛一把抓，这样写不太好。

对无证无照的，毫无疑问必须坚决取缔！
但要注意！千万别让老板卷款跑了，
关停之前，主管部门要督促先把学费退给家长。

对有照无证的，也就是没有培训资质的，
为什么让它把班办完而不是马上关闭？
因为家长交了费，现在老板两手一摊：
要钱没有，要命一条。
不把班办完，家长要上访。
必须兼顾法、理、情，做不周全会带出新麻烦。

证照齐全的，怎么也会有毛病吗？还真有！
比如跨行政区办学，批准在庆丰县招生，
你跑江山县办班，那肯定不行！
还有，超范围开设课程也不行，
批准办钢琴班，不能偷偷教奥数。

修改这篇稿子的重点是：
要写清楚对三种对象分别采取什么措施。

 例文（4）修改稿

江山县积极稳妥推进教育培训市场整治工作。
该县按照市里3月份的部署，利用社区网格化管理的基础，对全县教育培训机构进行了全覆盖的排查治理。共排查教育培训机构121家，其中，对47家**无证无照**的，**区分两种情况**进行依法查处，没有后遗症的12家，已责令立即关停；要求另外35家严格按照下发的《责令停止经营活动通知书》规定，做好学费退款等善后工作后关停。这期间，将加强跟踪，防止卷款逃走事件发生。对54家**有照无证**的，要求保证现有学生培训合同履约顺利结束，但不得续费、不得招收新生。对20家**有照有证**机构，下发《行政指导书》，要求对违规跨行政区办班、超资质范围办班等行为进行自纠。后两类机构均按要求向执法工作组提交了《承诺书》，确保8月底完成规范和整治。同时，该县还将加强风险防控，协调做好安置和学生退款事宜，视情协调正规的品牌培训机构接管托底，防止矛盾激化。

原稿还有个措施，发放告知家长书。
这措施有用吗？是不是重点？
家长正愁没处报名、担心孩子输在起跑线上，
对整治工作一肚子意见呢！

 算了，这条掐了别播。

老万划重点：文秘工作具有"博"而"杂"的特点，学名叫"综合性"，俗称"万金油"，但这不应该成为不主动了解核心业务、不追求认知深度的理由。

起跑线

 小万：主任，听说隔壁县正在接洽微软。
主任：不可能！微软会到我们这片穷山沟投项目？
 小李：主任，听说隔壁县接洽微软。
主任：不可能吧？不会是隔壁县声东击西玩我们吧。
 小王：主任，听说隔壁县正在接洽微软。
主任：那你们几个还有心思玩手机！

主任：
从现在开始，小万、小王分头找各种关系核实情况，争取与微软的人接上头；小李抓紧做方案，微软的人如果来考察，让人家看什么？我们能给什么优惠？分上中下做三套方案；我马上向县长书记汇报。对外千万别声张。我们的目标是，微软只要在我们这个地区投项目，就必须落在我们县！这是我们招商办当前的天字第一号大事。

大事

第四章

所有数据都不会无缘无故

统计数据是最常见的信息，也是非常重要的信息。比如，财政收入、GDP、房价、物价，等等。

下文是财政收入数据信息。

例文（5）

江山市各县区3月份财政收入快报。 1—3月，本市各县区财政收入共完成100.6亿元（其中，3月份33.7亿元，下同），完成年度预算的30%。其中，庆丰县8.9亿元（2.7亿元），同比增长8.8%（9.3%）；梦龙县6.8亿元（1.5亿元），增长10.4%（7.8%）……万山县……湖县……市中区10.9亿元（3.7亿元），增长7.8%（12%）；经济开发区13.2亿元（4.4亿元），增长8.4%（7.7%）；出口加工区12.7亿元（4.8亿元），增长11.5%（13.5%）。

🔊 　快报 ▸　　　　　　　　　　😄 ＋

数据信息具有一定周期性，但并不是简单重复，必有其阶段性特点和成因，有一定规律性，把背后这些情况挖掘、分析、写出来，才算充分呈现出这类信息的价值。

> 你有时犯愁不知道报什么信息吗？老万教你把一篇衍生成三篇。

周期性数据是信息素材富矿

- ■ 对数据的浅层次挖掘：就数论数的分析
- ■ 对数据的中等层次挖掘：挖掘数据所反映的工作
- ■ 对数据的深层次挖掘：通过数据反映深层次问题

对数据挖掘的第一个层次：
就数论数的分析

就数论数，也就是对数据本身进行分析，一般不用涉及工作质量好坏等人为因素，不涉及需要发挥主观能动性才会产生的结果。

下文的粗体字是修改增加的：

🔊 　就数论数 ▸　　　　　　　　😄 ＋

例文（5）修改样式之一

  江山市各县区3月份财政收入快报分析。1—3月，本市各县区财政收入共完成100.6亿元（其中，3月份33.7亿元，下同），完成年度预算的30%。其中，庆丰县8.9亿元（2.7亿元），同比增长18.8%（19.3%）；梦龙县6.8亿元（2.5亿元），增长10.4%（7.8%）……万山县……湖县……市中区10.9亿元（3.7亿元），增长7.8%（12%）；经济开发区13.2亿元（4.4亿元），增长13.4%（17.7%）；出口加工区12.7亿元（4.8亿元），增长15.5%（13.5%）。**多个县区（开发区）反映，一季度增幅较高，主要是两个原因：一是去年一季度基数较低；二是为了"开门红"，去年底"结余"了一部分转到今年一季度体现。预计二季度增幅可能放缓。**

  人为造就"开门红"好不好？不是本文的主题。

  没掺水分，只是腾挪一下，用以提振信心，不能算什么坏事，不要那么洁癖好吗？

  对数据挖掘的第二个层次：

 开门红 ▸   😊 ➕

  挖掘数据所反映的工作

  就数论数的特点是不涉及一个单位的精神面貌，对领导来说，这样写通常还不太解渴，领导带领同仁奋发有为，难道不应该体现在稿子里吗？

  下文的粗体字属于对工作内容的分析。

例文（5）修改样式之二

  江山市各县区3月份财政收入快报分析。1—3月，本市各县区财政收入共完成100.6亿元（其中，3月份33.7亿元，下同），完成年度预算的30%。其中，庆丰县8.9亿元（2.7亿元），同比增长18.8%（19.3%）；梦龙县6.8亿元（2.5亿元），增长10.4%（7.8%）……万山县……湖县……市中区10.9亿元（3.7亿元），增长7.8%（12%）；经济开发区13.2亿元（4.4亿元），增长13.4%（17.7%）；出口加工区12.7亿元（4.8亿元），增长15.5%（13.5%）。**总体看，一季度延续了去年下半年以来逐月走高的态势。增幅居前的三个单位，据了解，庆丰县是因为房地产销售火爆贡献了增量的一半左右；经开区去年新引进的芯片项目开始产税；加工区的一批标准厂房去年底建成即租售一空，成为新增长点。**

 不太解渴 ▸   😊 ➕

靓丽的数据说明工作有成效，

悲催的数据证明工作很"推板"，

所有的数据都不会无缘无故。

这应该是哪位先贤说的，记不起来了。

例文（6）

江山县劳动关系矛盾总体稳定可控。据县人力资源社会保障局报，7月份全县劳资纠纷群体性突发案件数同比下降，欠薪保障垫付金额同比上升。当月,全县劳动保障监察机构共受理各类举报投诉38件,同比下降6.96%,环比上升5.46%;查处有违法行为的用人单位48户,同比下降12.83%,环比下降6.50%。全县共上报涉及劳动关系的群体性突发事件23件,同比下降23.33%,环比下降4.17%。全县欠薪保障金垫付总额300万元,同比上升16%,环比上升32.95%,其中经济补偿金123万元;涉及劳动者373人,其中外来从业人员180人。

对数据所反映的工作进行直接的相关性分析，

又可以细分几个角度：

推板 ▶

一是数据对应的工作主体，二是工作客体，

三是数据所呈现的发展趋势。

对周期性数据信息的挖掘

只见数据、不见特点

所有的数据都不会无缘无故

只见数据、不见企业

哪类企业因为行业不景气、哪个行业因为结构调整，劳动关系矛盾集中爆发

只见数据、不见工作

哪个乡镇、开发区因为工作做得非常周密或不到位，平息或引发了矛盾

只见数据、不见趋势

本期数据是偶然还是某种上升或下降趋势的延续，后续是否乐观

以上几方面每月或每季度写一两方面就可以

修改这篇信息，需要模拟情景：

趋势 ▶

一是天津港发生爆炸之后，江山县整顿危化企业；
二是特朗普上台不久，江山县纺织品出口受挫。

在这种不利的外部环境下，
江山县阶段性劳动关系矛盾可能是这样的：

例文（6）修改稿

　　两因素影响劳动关系矛盾略有上升。据江山县人力资源社会保障局报，7月份该县劳动保障监察机构共受理各类举报投诉**件。全县欠薪保障金垫付总额**万元,同比上升**%,环比上升**%,其中经济补偿金**万元;涉及劳动者373人……当月影响劳动关系的因素主要是两方面：**一是县经开区吸取天津港化工爆炸事故教训，加强了对危险化工企业的执法检查，一批相关企业选择关停歇业，涉及三百名职工下岗，约100人被拖欠工资。二是县纺织加工区因出口连续数月不景气，有十余家纺织企业停产歇业，下岗职工400多名，其中50余人被拖欠工资。**

对数据挖掘的第三个层次：

通过数据反映深层次问题

例文（7）

　　上半年江山市共备案对外直接投资项目**个，涉及中方直接投资额**亿美元，同比增长**%。**从投资主体看，民营企业是对外投资的主力军，**在**个项目中，民营企业**家，中方投资额占**%；国有企业**家，中方投资额占**%；合资企业**家，中方投资额占**%。**从投资目的地看，欧洲和北美占据半壁江山，**投资额占51.43%。其中，北美占25.14%，欧洲占26.29%。**从行业分布看，商务服务业居首位，**占31.93%；房地产业占25.28%；信息传输、计算机服务和软件业占18.45%；制造业占8.77%；批发和零售业占8.05%。

这篇信息似乎已经做了挖掘、归纳，
但是，本文归纳的这3个特点，
从老万当编辑开始，已经持续了3年！
按每季一次算，这3个特点已经让领导看了12次。
在趋势转折前，难道让领导一直看这些特点不成?

信息稿件不是不能报送一成不变的特点，老万想说的是，在经济领域有那么一种现象：某种大的趋势一旦形成，可能将延续数年。

不信查教科书，这一定是某个著名定律。

老万划重点

如果某个领域的趋势或特点具有顽强的延续性，这个现象本身必然隐藏着某种情况，非常值得深入挖掘分析。

那么，对外投资这篇信息，可以怎么挖掘？

是不是一听"深层次"三个字就畏难？

就联想到函数指数微积分图表？

其实大多数情况下并没那么复杂，

深层次分析，更多情况下是指思考有深度，

想透之后，书面表达反而需要浅白。

有时甚至根本不需要分析，

只要把事实和细节呈现出来就行了，

领导会比我们看到更多、更深。

深层次

例文（7）修改稿

上半年江山市共备案对外直接投资项目**个，涉及投资中方额**亿美元，同比增长**%，延续了2015年以来呈现的三大特点，即投资主体以民营企业为主、投资目以欧美为主、投资行业以第三产业为主。其中，上半年投资欧美的较大项目，一项是**民营企业富康集团**斥资20亿美元，收购美国娱乐业巨头土狗公司35%的股份，另一项是**民营企业骏豪公司**以15亿美元从二级市场收购英国三一电灯公司33%的股份。投资东南亚的项目则**以该市国资或国资控股、参股公司为主**，相对规模较小。如，城建集团与爪蛙国阳光集团合资在当地开发建设地铁示范段及其上盖项目，项目公司注册资本7亿美元。土控集团投资5亿美元，在南洋国首都建造一个商业综合体项目，包括商务楼、酒店业、零售商场、影剧院等。

这其中写到的有些问题，

尽管属于"一行三会"管辖，

一县一市的领导鞭长莫及，未必很上心。

但是，我们所服务的领导，

也许能从这些情况中看出文字之外的丰富内容。

现在已经合并了两会！

上盖

根据近期媒体新动向，试着解读它的画外音：

可能隐含值得关注的情况

- 投资东南亚的，以国资为主，同时也是从事房地产或基本建设的企业，他们对外投资，可以看成企业走向多元化、国际化的举措，也是给自己寻找基建市场，说白了，到新兴市场找活干、找饭吃。

- 投资欧美的零售、电灯公司，这些领域不涉及弥补国内紧缺资源，不涉及借鉴学习高新技术，难免会引发人们联想，从而想了解这些民营企业是用自有资金对外投资还是借了大量国内银行的钱？

几年前，老万当简报编辑之初，与主管部门商量，
请他们每次提供对外投资数据的同时，
最好也提供一些具体企业和项目的情况。
不是老万有什么先见之明，而是出于编辑的本能，
因为，一具体，就深入；只有具体，才有价值。

画外音

编辑能说的话，就到这里为止了，
　再往深说，就踩到别人的尾巴了，
自己网上查吧，老万并不比你知道得多。

老万划重点

> 对于一些敏感问题，信息员或编辑直接下结论可能有风险。

本章内容，浓缩起来都在下图：

关于数据信息深度挖掘的延伸思考

- 有些领域，仅仅就数论数的分析可能不够。

- 有些领域，可能在相当长时期延续某些特点或趋势，如果没有发生转折，每次重复相同的特点，一般认为，这样报给上级单位的信息量有限；有时需要寻找新情况、新特点进行分析、归纳、总结。

- 有些领域，需要站在更高层面体会上级单位的需求进行分析。

> 深层次分析并不总是写出判断结论，有时也可以只呈现事实和细节，领导自己会有判断。

尾巴

多层次、多角度的挖掘和分析，

只是为了对写信息的思路进行拆解和说明，

并非需要在实践中截然分开，

更不是每次只能选一种写法，可根据内容糅合取用。

老万划重点 不要抱怨舞台不够大、资源不够多；看似平凡的工作，只要有心，就可以拓展出无限的空间。

最后，再重复一遍：

不进行分析的统计数据，本身就是重要的信息！

如果你愿意做工作上的有心人，

如果深入挖掘，那将可以拓展更大的工作空间，

也将大大增强你工作的显示度。

最后，再啰嗦一句，

以上关于民企国企投资动机分析，

来源于当时的真实案例，

老万并没有企业所有制的歧视。

第五章
基层材料别写成国际要闻范儿

下面要分析的例文刊登在部门的简报上：

三农工作专报

江山县三农工作专报

江山县农业局　　　　　　　　　　年月日

本期目录

万华局长会见阿里种子公司总裁一行
局纪委召开党风廉政建设大会
局机关举办迎谷雨抓春耕歌咏比赛
事业单位组织女职工观看《爱乐之城》

从上面目录 4 篇材料的标题看，

歌咏比赛、女工看电影咱就不用提了吧，

廉政大会也不会写打老虎拍苍蝇的案件情况，

所以，这 3 篇都别指望有什么可读性。

唯一可能让县领导、市农业局、省厅有兴趣的，

可能是会见阿里种子公司。

那么，继续往下看——

例文（8）

　　万华局长会见阿里种子公司总裁一行。3月8日下午,江山县农业局长万华在县局办公大楼与阿里种子公司总裁一行进行了亲切友好的会谈。万华局长在讲话中指出,阿里种子公司是技术先进、信誉良好的央企,是代表我国种源农业与孟山犊子抢占市场、保护我国粮食种源安全的"国家队"。江山县是传统产粮大县,自古就有"江山熟、半省足"的美誉,双方合作前景广泛。县农业局副局长白长山、县种子公司总经理刘长寿,阿里种子公司市场部代表等二十余人参加了会见。(种子公司供稿)

看行文风格，不知道的还以为是两国元首会见。

你们县种子公司的文秘，以前在外交部新闻司上班吧。

老万觉得，这稿子只写了一句话：

孟山犊子

你好、我好、大家好!

像某些微信群总有人坚持每天问早安晚安，

发新闻集锦，

带着宗教般虔诚，到点撞钟。

不好意思，一大早发帖把大家吵醒了吧？

不好意思，我早把这个群设成消息免打扰了。

老万相信，这种没人要看、价值不大的简报，

很多单位还在日复一日顽强地编印。

类似的信息简报没有可读性

■ 让你知道一下，县农业局和著名的阿里种子公司接恰了，很牛吧! 你问谈了什么? 别管我们谈了什么，能告诉吃瓜群众的，就这些。不服气? 憋着!

■ 大家注意了! 县农业局副局长白长山、县种子公司总经理刘长寿"出镜"了! 毫无疑问，他们都还在工作岗位上。此前传说他们被双规的谣言，现在不攻自破。

出镜

■ 县农业局另外还有人出席这次会谈，但是名字省略了，因为级别不够。

对市里、省上来说，这篇信息基本上毫无价值。

如果你是信息员，这种大家不爱看的信息简报，你还在认真编写、排版、校对，那情境和神态，就像"八项规定"后公务员在认真贴发票的样子。

也许比手机贴膜小哥更像工匠，可惜，工资比贴膜哥少很多吧。

你看我新买的苹果 X 怎么样？

以你公务员的工资每年换苹果，是有什么特别的省吃俭用技巧吗？

你面临着要么努力改进文风、提高水平，要么最先被人工智能 AI 设备替代掉。

也许你觉得委屈，非常委屈！
说：我接手前，单位的简报一直就这样啊，

也许，我们领导要的就是这个范儿吧。
错！那是你的领导没看过你写出更好的材料。

政务信息的异化和新挑战

**政务信息目前存在的问题：
内容空洞，缺乏亲和力、可读性！**

■ 并不是互联网新媒体出现之后才有的问题。

■ 也不是与互联网新媒体对比之后才发现的问题。

■ 但在新媒体高度发达的背景下，这个问题显得更加突出。

那么，作为基层信息员怎么写更好的信息呢？
下面是今天的重点：基层直报点信息该怎么写？

首先，哪个层级算是基层？
老万说，基层是个相对的概念，
在老百姓眼里，街道办事处已经是大机关了；
而在高级机关眼里，地级市也是基层，

那么气派的办公大楼和院子，称基层确实委屈。

按此标准，本书的大多数读者都在基层工作。

老万知道，许多省市或区县设置了"信息直报点"，
即在街镇、村居、社区服务办事窗口等单位，
指定相关工作人员兼职担任信息员，
直接向区县、或地市、或省里报"社情民意"信息。

从老万所在省的各市县情况看，
信息直报点所构成的网络，发挥了很好的作用，
但还很不平衡，有的直报点还有待进一步发挥作用，
信息员对于写什么、怎么写都感到困惑。
他们认为，写身边事，唱赞歌容易，揭短很难，
写"重"了怕自己领导责怪、也担心上级领导不高兴；
写得不痛不痒、不解决问题，亦非本意。
如果报信息有硬指标，时间长了会精神分裂。

纠结于对群众负责还是对领导负责，

 社情民意

把并非对立的两个方面简单对立起来看问题，
这是自己为难自己，相当于自虐。
其根本原因是，认识水平和业务能力不足，
看了老万这本书，相信你不会再纠结。

例文（9）

建议市政府高度重视网络支付安全。老百姓网
上购物越来越多，"抢红包"等活动比比皆是，同
时也对网络支付安全隐患而担惊受怕。目前主要有
两类安全隐患，一是诱骗类，主要通过骗取姓名、
身份证、银行卡、手机号等信息，盗取客户银行卡
资金；二是木马类，伪基站冒充银行或电信运营商
号码，以系统升级、积分兑换为由向客户发送含有
钓鱼链接的短信，窃取资金。建议公安机关加大查
处力度，对犯罪分子予以坚决打击。

这是一位居委会同志写的直报点信息，
这篇信息所反映的，确实也是个社会问题，
但与该基层干部自身岗位职责关系不大，
也看不出与所在居委会有什么具体的、直接的关系，

 抢红包

从小老师教我们学写记叙文不是有几个w吗？

通篇没有任何时间、地点、案例等基本要素，
这样的稿子，让人有理由怀疑是从报纸上抄来的。

之所以报送这样比较空泛、人云亦云的信息，
很大程度上是觉得，贴近群众的、真实的社情民意，
写起来比较难以把握，所以拿这个来搪塞吧。
也可能是，社会上的官样文章风气，
把一部分基层人员写材料、报信息的路子搞歪了。

因此，老万有必要把路子校校准，正本清源。
先从厘清直报点信息的概念和基本要求开始，
老万所给出的概念，从来都是自产自销的，
当然也是不严密的，目的是为了你理解要义。

直报点社情民意信息，有什么特点呢？
它的主要功能不是唱赞歌，而是提意见建议，
但它不同于代表委员的建议提案等法定类型的意见，
代表委员不需要鉴别是否可行，提意见是他们的权利；
信息员所能接触的仅仅是来自于民间有限样本，

 样本

所以，它不同于统计类型的民意调查，
民调需要一定规模的样本，而且必须具有代表性；
它是草根的、接地气的，但不同于一般社会舆情，
舆情可以不经调查信口开河，无底线漫骂泄愤；
而直报点信息并非没有一点拘束。
它不同于向纪检部门举报或向信访部门反映问题，
那一般是小事已经拖大，矛盾已经形成，尾大不掉；
直报点信息最好在矛盾萌芽状态及时发现，及时解决。

很多统计信息也不靠谱啊！

以上特点，概括起来就是：

基层直报点信息的概念

社情民意直报点信息是反映信息员**身边情况**、但具有一定**典型性**，经过信息员初步去伪存真，尽可能将群众**需求**与现实**可行性**相结合的意见建议。

这段分析实际上想表达，在通讯如此发达的今天，
直报点信息仍然有着不可替代的作用。

 可行性

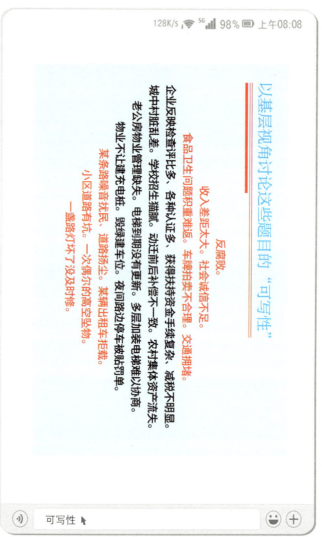

看了老万所给的这么长篇大论的分析和概念，

也许你更糊涂了，

不急，你可以在看完本章的例文分析之后，

再回过头来看概念定义，也许就豁然开朗了。

下面，请看右页一组问题：

以上大致是按从"大"到"小"排列的，
可以看成一个橄榄形，越是中间部分越有报送价值。

末尾的路灯、窨井盖等属于"小"问题，
可以通过"12345"市民热线即报即改、及时解决。
类似的个案问题，一般不需要越级反映。
当然，如果一个地区这类问题很普遍而且久拖不决，
那就是直报点信息的"好"题材，
应当引起较高层领导重视。
报送之后还可以持续跟踪，续报信息，督促解决。

排在前面的"大"问题，
之所以不适合报信息，主要有几方面考虑：
一是你看到的问题领导早就看到了，而且看得比你透；
你急，领导比你还急，冰冻三尺非一日之寒。
二是已经成为公众媒体的报道热点了，不必重复。
三是题目太大、情况复杂，怕写不好，太难把握，
基层同志一般难以掌握足够的数据资料，
也难以写清楚。

四是如果仅仅反映问题而没有靠谱的对策，
意义并不大。

比如小汽车牌照管理，无论北京、上海、广州，
现有的拍卖或摇号制度不如人意，属于没办法的办法。
如果你有更科学合理可行的办法，那当然很好；
如果只是发牢骚，那就不合适，发牢骚不解决问题。

再比如，食品卫生问题，
如果反映某一条街的夜排档食品卫生问题，
就属于大小合适的问题，也是当地政府的管理职责。
如果是反映全行业的问题，不是不可以，
但是你并没有检测仪器，也不掌握确凿证据，
从哪里入手？
问题很大，积重难返，老虎吃天无从下口。
再说，一个区县长难以管得了全行业的问题，
在大市场、大流通环境下，
难以形成食品卫生的模范孤岛。
例文9网络支付安全问题也是类似情况。

例文（10）

　　近期，群众热议"老年综合津贴制度"，绝大多数群众、社区工作人员对该政策表示热烈欢迎！认为"拉平"了各地区差异，更加公平；将享受相关政策的年龄由原来70岁放宽到65岁，更加普惠；采取货币化直补，更加自主。提出的意见建议主要包括：一是认为每月50元的综合津贴略显不足，建议适当增加。二是认为70—89岁老年人健康状况及需求差异很大，划在同一档次，跨度太大、过于笼统，建议拆分为70—79岁、80—89岁两档，或65—75一档、76—89一档，并调整相应的补贴金额。三是希望敬老卡拓展购物、医疗、交通、休闲娱乐等多方面功能。

　　省政府酝酿"老年综合津贴"政策，征求基层意见。例文10是对几十个直报点反映情况的梳理归纳。
　　写这类信息需要注意三点：

一是以提意见建议为主。
而且必须具体翔实、切实可行，

货币化直补

真正代表大多数社区居民的真实意志，
有利于使出台的政策更加符合实际。

二是认清主流和支流。
应该看到，大多数群众对新政是赞成的，
不认识到这点，显然不全面，也可能给领导造成错觉：
"这么好的政策怎么老百姓还不买账？"

三是正向反馈需要准确、具体、生动。
正面的反馈切忌空泛地"感谢 CCTV"，
必须言之有物，说到点子上。

例文 10 "三个更加"的归纳，
既恰如其分，又准确简明。
这在文件中没有类似表述，
在各大媒体的报道中也没有这样归纳，
这篇信息对这项工作的宣传贯彻做了新贡献。

感谢 CCTV

例文（11）

　　有的住宅小区由于停放非机动车的车棚（库）充电插座不足，私拉乱接电线比较普遍，有的从三楼、五楼拉拖线板到地面充电，存在严重安全隐患。庆丰区中山、解放、永新街道近两年推进非机动车棚标准化改造，安装喷淋、消火栓、视频监控；集约利用空间设置专门的充电区域，可容纳40—50个电瓶同时充电；安排物业保安24小时值班；每个车棚改造费用5—10万元，由个人、物业公司、街道或相关单位共同承担；日常管理主体为物业公司。建议市主管部门指导区县、街镇普遍排查住宅小区非机动车棚（库）安全隐患，落实整改措施；同时建议推广庆丰区做法，使更多居民受益。

例文11是想为那些写负面信息有顾虑的信息员，
提供一种在夹缝中寻求题材突破的思路：
把正反两方面典型并列写出来。
管理得好的小区，他们的一套管理办法，
实际上就是有问题小区的治理对策。

　　同时，负面情况写得简略一点，点到为止，能看懂就行，无需渲染，大家都是明白人；正面做法必须写得具体细致，不光为了自我表扬，而是要使主管部门了解更多，更具决策参考价值：办这件事的受益面多大、需要花多少钱，等等。

例文（12）

　　老旧高层住宅电梯"大修更新难"问题亟待重视。主要是涉及业主出资问题，比较难以统一意见。从百花街道、新桥街道几个小区电梯置换情况看，户均分摊5000元—11760元不等。有的小区更换电梯经历了一波三折的曲折过程。如，解放街道某公寓6部电梯相继出现冲顶、关人故障，为推动更新改造，2013年起，居委会、房办、街道先后给予指导、推动，组织了两轮居民征询。这期间，业委会内部分歧太大，全体辞职。后纳入区领导包案协调事项，引入律师参与咨询。对分摊不均的18.5万元，街道先行垫资促成工程启动，又遇到部分业主阻挠施工。直到今年7月底才全面启动电梯置换工作。

　　基层干部反映，住宅老旧电梯更新改造涉及全体业主切身利益，经费分摊、意见征询都是程序复杂、艰巨细致的群众工作，有其共性和规律可循，但对大多数小区来说，多年才遇到一次，"好不容易摸到一点门道，又无用武之地"。

因此建议：一方面，主管部门应组织经验交流、案例推广；另一方面，创新工作思路，培育发展专门的社会组织，以政府购买服务方式委托其承担电梯置换、业委会组建和换届等住宅小区事务。

这个例子主要想说明，提建议的思路如何拓展。一般说，直报点信息最好在提问题的同时也给出对策，因为你是基层工作人员，既有责任发现问题、提醒领导，也有义务帮助领导出主意、想办法。

归纳起来，提建议主要有三种情况：

提建议的三种情况

■ **一是问题的提出本身就意味着建议。比如，反映某小区脏乱差，那么显而易见，相关部门要进行治理，使其不再脏乱差。**

购买服务

■ **二是就事论事提建议。类似上面推广充电自行车棚例子中的建议。**

■ **三是独辟蹊径提建议。有的问题很复杂，很难提出好建议。以电梯更新为例，建议政府出资或垫资？显然不合适，售后房已是私产，更新电梯的钱原则上不应由政府出。建议由区长包案？等于是把小区矛盾越级上交，很不合适！社区矛盾只有化解在基层、解决在萌芽状态，成本才最低，应该以居委会、业委会自我协商、自治管理为主。**

老万编这条稿子之前，原稿中没有提建议，也实在是因为难以就事论事提建议，怎么办？

编辑想到了生活中类似的情况：
家里刚刚装修一套房子，累得半死就不说了，与装修队斗智斗勇得到经验，自己考虑不周留下遗憾，真是恨不得立马再装修一套房子！恨得牙痒。
但是，这些经验教训三五年内是用不上了——对大多数人来说，买房子搬家可是"大不易"。

垫资

刚换上的新电梯起码能管十年八年，
居委会或业委会协调矛盾所得到的经验，
十年八年怕是用不上了，这些经验不是可惜了啦?
而那些正在为电梯更新发愁的居委会、业委会，
却迫切需要学习借鉴或购买服务。

最后，老万从工作方法的角度提建议，
培育专门解决住宅小区业主矛盾的社会组织，
不光协调电梯更新问题，思路拓展一下，
业委会组建和换届难、物业收费调整难都包括在内。
也符合当前发展社区服务型社会组织的大趋势。

这种提建议的思路，不是就事论事，
而是站高一步、引申一步的"方法论"层面的建议，
需要信息员有一定的业务水平和工作积累。
通过以上几篇例文的分析之后，
我们对直报点信息写作要领小结一下:

（1）紧盯身边群众寻找题材。
必须是立足本职、立足本辖区找题材;

方法论

写什么比怎么写更重要，切忌大而不当，宽泛空洞。
概括为:不大不小，不冷不热，不急不缓，不重不轻。
结合上面的案例分析，应该不会有歧义。

（2）需要进行调查研究。
比较复杂的问题，一定要写清必要的基本情况，
一般包含时间、地点、人数、金额、
来龙去脉、适用政策、群众诉求、部门意见、
协调经过、问题症结、意见建议等。
并不是每个问题都要写全这些要素，
但是一点要素没有，就显得很不真诚，像闭门造车。
不用过多考虑写作技巧，也不要花时间修饰润色，
只要把基本情况、问题症结讲清楚就行，
老万提倡，哪怕写得笨拙一点，也要把问题讲清楚。

（3）困难问题与对策建议配套提供。
这是原则要求，对于写建议实在感到为难的，
也可以照搬大多数群众建议，写群众的原话，
靠谱与否，丢给编辑去甄别。

都写发帖了，还要编辑做什么用!

基本情况

（4）可以正反两方面典型同时提供。

就是"揭短信"和"表扬稿"同时提供，请不要狭隘理解为投机取巧、逃避本单位领导批评，而是为了使好做法得到推广，造福更多群众。

我们领导很官僚，每次布置写材料，都不商量提纲框架。

你买苹果手机，和乔布斯商量过你的需求吗？

典型 ▶

第六章
以深度应对新媒体的时效性挑战

前文提到，
把数据、情况、细节写清楚就行了，
一具体就深入！
没错，那只是深化方式之一种，
属于入门级、本色出演的。
而今天修改的这篇信息，可以算国家一级戏精水平。

分析这篇例文，
需要设计特定的时代背景，
现在，假设是 2015 年的某天。
上午，庆丰区刚刚拍出一块土地，
作为区政府办公室的信息员，
觉得下午应该向市政府报送这条信息，
可是，中午已经铺天盖地占了头条：

对！也就是最近的一轮房地产涨价的起始阶段。

头条 ▶

例文（13）

　　魔都又出新地王！今天上午，庆丰区北广场以北地块，以总价×××.18亿元落槌成交，再次创出了总价、单价、溢价率三项新纪录。参与竞拍的开发商包括万科、保利、绿地等十余家业界巨无霸……上午10点拍卖准时开始，拍卖师刚喊出起拍价，现场举牌此起彼伏，呈现龙争虎斗的激烈场面，经过××轮出价，最后的争夺在××与××两家展开，双方志在必得。又经过××轮竞价，最后被××拍得，溢价率高达×××%。

　　据了解，该地块面积×.8万m²，四至范围……距市中心人民广场仅××公里，位置得天独厚……据测算，楼板价为××万元，加上财务成本，未来房价至少达到……周边二手房价今天已闻风而动……

　　这篇稿子真是写得生龙活虎，让人身临其境。
　　居然把当天周边二手房的行情都写到了，
不可谓不全面，不可谓不为读者着想。

> 魔都只是虚拟名称，庆丰区可以是随便哪个一二线城市的一个区。

　　报纸或网络可以这样写、这样刊登，
　　但是，机关的信息简报不适合刊登这样的稿子！
　　为什么？一是公众媒体已经报道，

机关简报一般不重复刊登，炒剩饭不是简报的功能。
　　二是地王这件事，这个这个这个，怎么说呢，
　　从2015年开始，这件事再次变得敏感，
信息员跟记者屁股后头瞎起哄？给领导上眼药吗？

　　光说不练假把式，下面看老万怎么深度挖掘。

以深度应对新媒体的时效性挑战

第一个深化维度 从一个地块，拓展到一个时期以来的几个地块，甚至涉及对即将拍卖的后续地块如何把握的问题。

第二个深化维度 从拍卖价格，拓展到与此相关的主客观条件，比如，房地产市场的宏观形势，再比如，区政府如何发挥主观能动性。

第三个深化维度 从单纯写土地拍卖，拓展到与土地储备相关的政府负债问题。

第四个深化维度 从土地、债务，拓展到与民生更加相关的棚户区改造、城市更新等问题。

写到这里，老万被自己的才华吓一跳！

这么个简单问题居然挖了 4 层，

这真是：一层一世界，一句一菩提。

请允许老万先又会儿腰，自美一下：

领导最近会不会正在考虑提拔我啊？

看这 4 个维度的架构和气势，至少要写好几千字吧；

但上级简报一般只肯给你刊登三四百字。

都什么年纪了还想这事！一得意就有点为老不尊哦。

例文（13）修改稿

　　庆丰区深入分析相关地块拍卖案例，力求形成土地上市有节奏、政府负债可控制、旧改征收可持续的良性循环。去年下半年以来，该区几个地块上市获得较高溢价，政府负债得以缓解（从2013年的×××亿元，下降到目前的×××亿元），有能力投入新的征收项目。该区分析认为，除了当前土地市场转暖的客观因素，还得益于前期在规划定位、市场分析、土地出让方式等进行了深化、优化。以上午拍卖的北广场以北地块为例（市与区联手实施土地储备，占地×.8万m²，起拍价××.18亿元，成交价×××.18亿元），前期工作主要包括：高起点规划，根据城市更新、改善局部生态环境的要求，增加了公共服务设施、公共绿地及开放空间，

节奏 ▸

适当嵌入了住宅用地；借助知名专业机构开展市场调研并与可能入围的开发主体深入沟通研讨，广泛吸引业界关注；采取了本市最新的复合土地出让方式"预申请+有竞价招标"，过滤不符合发展定位的开发企业。当前，该区将注重把握储备地块上市节奏。

　　例文 13 的这番修改，倒不如说另写了一篇。

　　下面，老万把几处关键字句分析一下：

庆丰区深入分析相关地块拍卖案例，力求形成土地上市有节奏、政府负债可控制、旧改征收可持续的良性循环。去年下半年以来……

　　水平，从标题开始就吱吱往外冒：

土地、债务、棚改，这是老百姓最关注的三个方面，

也是衡量政府"经营"城市水平的重要指标，

更是中央政府对地方政府操心的地方，

三位一体，一环紧扣一环，一浪拍一浪。

该区分析认为，除了当前土地市场转暖的客观因素，还得益于……

可持续 ▸

连续多个地块拍出了高价钱，到底什么原因？
宏观环境不能不提一下，否则像小屁孩，人来疯；
但也不必多说，点到为止，
相当于发飙前稍微欠一下身子，
抱拳拱手：承让！承让！
紧接着就要开始自我表扬喽。

以上午拍卖的北广场以北地块为例（市与区联手实施土地储备，占地×.8万m²，起拍价×.18亿元，成交价×××.18亿元），前期工作主要包括······

媒体写得很热闹的拍卖过程，咱这里就全都省略了！
关于新晋地王的情况，压缩到只剩最基本的要素，
而且低调地放在括号里，做为附属内容一笔带过。

但有个重要背景情况必须点到：
市与区联手实施土地储备。
前些年区里负债沉重，市帮区承担土地储备的融资，
现在盆满钵满，但区里领导吃水不忘挖井人。
在简报上，用黑体字做特别强调的排版处理，

一般用得比较慎重，否则整个版面"花"了，
市与区联手这几个字，一般不会用黑体字，
但是，请放心，市领导一定会注意到的。

该区将注重把握储备地块上市节奏。

最后这句话是让上级领导放心：
区里不会趁热来个土地大甩卖，
不必把政绩都集中体现出来，会顾全大局的，
功成不必在我，会给下届区政府留出发展空间。

我们夸一个人灵光，会说"这个人眼睛会说话"，这篇文字浑身上下都是眼睛。

老万划重点 白天琢磨机关材料，晚上不贪王者荣耀；平时注意积累思考，用时方显熟能生巧。

好了，通过例文13的修改分析，
大家应该看出来了，
短短三百字，不了解的人看了，
也就一篇普通信息，
但是，分析之后你就体会到了，

虽然表面波澜不惊，

实际上处处暗藏机巧，

无一不体现出对于度的精准把握。

老万划重点

对于度的把握，是写材料最要紧、最难掌握、也最能体现积累和水平的部分。

度 ▸

第七章

最是那短信息体现诚意

写信息又不是做生意，怎么还考验诚意了呢?

对的，信息稿不像讲话稿，

讲话稿没诚意，不想听也不敢退场，

因为，念讲话稿的是你领导。

信息稿没诚意会怎么样?

那就根本没机会被丢进碎纸机!

> 很多单位要求只报电子文档。

下图是省政府简报的一个栏目，

每个市县厅局都只有一句话，

让省领导快速浏览全省工作概貌。

老万所在省的情况是，

各单位都将"一把手"当天会议活动，

作为这条信息的内容。

这种做法基本符合这个栏目的初衷。

一把手 ▸

《每日动态》短信息

[汉和委办局动态]
▲今天委办局和区工作动态。市商务委研究推进百大示范电子口岸能力建设工作。市经济信息化委百开第14届上海国际信息化博览会。市交通委研究加车厢卡服务中心、中韩桥危险品堆场规划建设工作。市农委会同中国绿色食品发展中心、崇明区研究三方合作推进崇明生态岛绿色农业发展方案。市安办研究2017年市级督办事故隐患(风险)治理项目督办计划编制工作。市金融办研究推动自贸区服务国家"一带一路"建设、支持中国金融"走出去"有关工作。市人力资源社会保障局研究外国专家证和外国人就业证"两证整合"工作。国家新区研究建设市民满意的食品安全城市有关工作。嘉定区研究市级重点区块上海铁路局北郊

下面挑选其中的几条进行分析。

例文（14）

省交通厅研究科技创新有关工作。

如果前不久召开了全省科技大会，
那么，这条信息传递的信息是：
交通厅动作蛮快的，开始抓会议精神贯彻落实了。

如果最近中央和省里没有新要求，

那么，这条信息的外延就太广了，让人摸不着头脑，
交通厅研究啥政策？啥课题？啥项目？
是军工项目吗？对领导也保密？

> 咱们交情不够，你不想告诉我呗。

例文（15）

江山县研究教育费附加有关工作。

看了这条信息，分管副省长可能知道是怎么回事。
但其他领导一头雾水：这是项啥工作啊？
存在什么问题吗？现在要朝什么方向改革调整？

例文（16）

三江开发区研究园区三期开发暨集成电路产业发展工作，将加快土壤修复、十通一平、完善周边配套、研究专项扶持政策。

这条短信息传递的内容就比较完整、丰富了：

（1）目前三江开发区处在第三期开发阶段，

　　（2）三期主要是发展集成电路产业，

　　（3）园区管委会正在抓 4 个方面工作。

其中，3 方面是硬件建设，还有 1 个方面是软环境。

　　　　把例文 16 这个句子结构分析一下：

第一个逗号之前的，属于大类领域的内容，

后面 3 个顿号隔开的 4 段文字，

是对大类内容的细化解释、补充说明。

逗号之前的大类内容，可以看成 T 的一横，

后面的具体内容，是 T 的一竖，是深化、具体化。

短信息的常用结构

　　三江开发区研究园区三期开发建设暨集成电路产业发展工作，将加快土壤修复、十通一平，完善周边配套，研究专项扶持政策。

一级内容 点出工作领域（或大的项目）

二级内容 写明工作内容（或工作进度、特点、意义）

1 二级内容是一级内容的细化或深化。

2 一二级内容的划分是相对的，没有严格标准。

3 呈现 "T" 型的两级架构：追求有面有点，信息容量饱满。

〇)) 饱满

短信息（栏目）存在的理由

■ **对上级领导而言**，希望用很短的时间概览全局工作。各单位都忙啥呢？是不是忙在点子上？

■ **对下级领导而言**，把自己的工作、或者规定动作，向上级领导汇报。上级部署的工作，我们正在迅速落实。上级的最新精神，我们正在学习领会。刷存在感。

■ **对同级领导而言**，想了解各兄弟单位动向，做到知己知彼。

写材料怎么才叫详略得当？

有时候需要把一句话拆分为三句话，有时候需要把三句话并成一句话，要做到切换自如。

〇)) 存在感

有了例文 16 作参照，例文 14 和 15 就显得不饱满，
给人以敷衍或故作神秘的感觉，
可能不是主观故意，但读者会觉得作者不真诚。

> 要想饱满，请选 × 牌大闸蟹，有诗为证：无肠君子诚意坚，满腔膏黄鲜且黏，有骨还从肉上生，每爪紧实味微甜。

对于短信息而言，通常仅有一级内容还不够，
那么，应该怎么扩写第二级内容呢？

短信息的写作要领

- **大题目要往实处写，传递尽可能多的信息量，防止空洞。**
  与其30个字没讲清楚；不如50个字讲清楚。

- **小题目要往高处写，写出高度、要义，防止过于冷僻。**

- **不大不小的题目，力求语句通顺、便于较快速度阅读理解。**
  不能以牺牲阅读的流畅性来节约文字篇幅。

- **尽可能嵌入地域或部门特征词汇。**
  增强区分度，尽可能向上级领导刷存在感。

- **防止同义反复。（扩展阅读：香农 的信息容量相关理论。）**

香农

常见的那种庄严肃穆的短信息，究竟怎么产生的？
多半是把会议题目抄下来交差。

> 省事倒是省事，但你不够意思啊！

老万划重点
> 短信息不能过分强调节约篇幅，而是要追求文字使用的最佳性价比。

例文（17）

民政厅召开加强社区建设大会，提出将进一步提高社区共治自治水平，推动我省社区管理和社区服务再上新台阶。

2 个逗号，将句子分隔成 3 部分，
从抽象与具象的角度来衡量，
这 3 个部分基本处在同一层次，
都是一级内容，浮在表面打转转。

> 上中下一般粗，左中右一边齐，怎么可能有型有款。

召开加强社区建设大会这一举措，

具象

只能是推动管理服务上台阶这个唯一目的。
同理，提高社区共治自治水平，既是中间目的，
也是终极目的的手段，只能为了上台阶这唯一目的。

就像锻炼身体，就是为了身体健康。

看了上句，就能猜到下句，

这种句子，患了轻度同义反复症。

假设，这次大会定了要给工作人员加工资，
还要给单位增加工作经费等政策举措，
那么，按照上面的二级结构，可以修改为：

例文（17）修改稿

　　民政厅召开加强社区建设大会，提出将提高居委会工作经费、增加社区工作人员报酬，为社区共治自治提供财力和人才队伍保障。

修改稿基本没有增加字数，
但比原稿显著增加了信息量，

上台阶

这就是短信息所要追求的文字使用的性价比。

例文（18）

　　庆丰市部署岁末年初安全生产工作，将对**庆丰古镇、旧发地农批市场、义白小商品城**等重点区域和单位加强巡查督促整改。

安全生产属于季节性常规工作，
如果只写第一个逗号之前的部分，
不是不可以，但不能引起读者注意，
因为这条短信息太没有特点，太没有区分度。

这条短信息出现了3个地名，都很有名气，
著名的义白小商品城，大家知道，只要它关门一天，
全国千篇一律的景点商铺都得断货。

旧发地批发市场，名气不可谓不大，
那是全国农产品价格风向标。

区分度

像这种全省乃至全国著名的地名，
它的作用就是专门增强区分度的，
防止这条信息被埋没在人群，被领导忽略，
说白了，就是用来向上级刷存在感。
同理，省直机关的短信息想增强区分度，
可以列举本行业的知名项目。

在今天简报的这个 A4 页面，
庆丰市虽只出现了一次，
与其他市县厅局的待遇完全一致，
但它的实际效果是出现了 4 次。
而且给读者的感觉是，
庆丰市抓安全工作抓到了点子上。

老万划重点　如果想让读者对你单位加深印象，可以嵌入带有地域或行业特点的字眼。

短信息居然有那么多讲究？是的，没错！

只有那么几个字，
有没诚意、有没瑕疵，一目了然。
俗语说，越短，
越需要有型有款，
短信息也可以写得很妖娆！

 春晚为什么安排那么多主持人？

 总结工作的串词太长，人少了背不下来啊。

第八章
大白菜能不能写出一朵花

曾经有个阶段，老万深度参与一项额外工作，
也就说，基本不属于办公厅职能的工作，
调研蔬菜供应和价格情况，并向领导报信息。
报送信息的频率是每周至少一次，
采集价格的时点是周六上午，这项工作持续了 4 年。

按理，政府所有工作都由对应的职能部门负责，
办公厅不是职能部门，它只是运转枢纽，
被领导指派，偶尔参与某一方面调研是常有的，
但不作为一项常规性工作，不会定期参与。
按职能，菜价信息应该由商务局提供，
可领导为什么让办公厅做呢？

下面是商务局报送的信息：

职能部门 ▶

 例文（19）

据市商务局报:**本周本市主副食品批发交易量正常,市场供应充足,价格总体平稳。本周粮食批发市场库存正常,粳米每公斤平均成交价4.46元,比上周下跌0.03元;面粉每公斤平均成交价3.12元,与上周持平。**旧发地批发市场、农产品中心、响水河批发市场新鲜猪肉每公斤平均成交价19.17元,下跌0.37元;六丰美食、屠刀见红等定点屠宰场生猪收购正常,每公斤平均收购价17.08元,上涨0.88元。旧发地、农产品中心、响水河等5个蔬菜批发市场蔬菜每公斤平均成交价3.61元,上涨0.15元。

这条信息的问题出在前半部分，
让读者有穿越到计划经济的感觉。
大家知道，近十几年，我国粮食一直是丰收的，
产量九连增、十连增、十一连增……

多久没看
新闻联播
了？

一般来说，只要没有全国性的自然灾害，
只要吉林的正规报纸不随便刊登核辐射科普，

新闻联播 ▶

那么，郑商所每天的粮食价格波动，
就非常有限，小得肉眼几乎看不出来。

就像曾经的人民币汇率，每天不来点小波动，哪儿好意思说自己的市场是放开的。

所以说，
政府简报上没必要经常刊登粮价信息，
而蔬菜、猪肉价格倒是经常波动的，
事关民生，市领导一直很重视，
这大概是让办公厅参与采集信息的原因。

老万和多位同事当年承担这差事，可苦了！
每个双休日"跑"菜场，坚持了4年，
调研之后，我们的信息写成下面这种样子：

例文（20）

据市商务局、市政府办公厅报：本周本市几个主要农副产品批发市场新鲜猪肉每公斤平均成交价19.17元，下跌0.37元；六丰美食、屠刀见红等定点屠宰场生猪收购每公斤平均17.08元，上涨0.88元。**市场工作人员认为**，生猪供应近期偏暖，价格已连续四周下跌，未来几周仍将小幅下跌；但屠

双休日 ▸

宰场和零售市场价格下跌不明显，价格传导略有滞后。从蔬菜价格情况看，旧发地、农产品中心、响水河等5个蔬菜批发市场蔬菜每公斤平均成交价3.61元，上涨0.15元。**据几位蔬菜批发商介绍**，入夏以来，气温不适宜绿叶菜生长，本省大部分区域进入蔬菜生产的"夏淡"期，预计下周绿叶菜价格还将有所上升。

这条信息与商务局之前的相比，
删除了粮食，重点写了蔬菜和猪肉的行情，
虽然看上去只能算是小改动，
也没把大白菜写出一朵花来，
但是，引用了现场当事人的看法，
他们对未来几周的价格走向作了判断，
这对领导来说，很重要，也很可信。

是我们现场问来的，不是拍脑袋瞎编的哦！

当然，仅有文字还不太够，不太直观，
我们也像市商务局的做法一样，
每次会附上几张能够说明问题的图表，比如：

夏淡 ▸

绿叶菜图表

图6:本市主要批发市场本地绿叶菜上市量变动与青菜价格变动情况比较

这张图专门分析了绿叶菜、青菜的价格，
为什么专门分析绿叶菜、青菜?
因为南方人一年四季离不开绿叶菜，
其执着程度几乎是原教旨主义的。
群众有这方面需求，市领导就非常重视，
先后研究提出一系列政策措施:
比如，给郊区各县下达指导性的指标，
要求绿叶菜常年保持多少亩、上市量多少吨;
同时，给补贴，鼓励菜农多种绿叶菜。

原教旨主义

比如，政府补贴菜农购买安信农业保险，
相当于绿叶菜有了托底收购价，防止菜贱伤农。

例文20是我们菜价信息最初的格局，
本来以为这项工作基本到位了，
可是，在随后一系列大会小会上，
有这么几个段子被领导多次提到，
使我们感到，调研深度离领导要求还有差距!

两千公里五毛钱
二十公里一块钱

市领导在批发市场视察，与菜贩和卡车司机交谈，
问长问短，问得非常仔细。卡车司机说:
土豆在内蒙的收购价每斤0.5元，
到我们省城批发市场每斤1.0元。
两千公里长途运输，价格翻一番，涨5毛钱。

市领导又问身边的商务局负责人:

段子

128K/s 5G 98% 上午08:08

从郊区大型批发市场运到市区各菜场，
平均二十公里差不多吧？零售每斤 2.0 元左右，
也是上涨一倍，但绝对值上升了 1 元啊！

市领导的疑问是：批发零售的差价咋这么大呢？

带着领导的疑问，老万和同事马上行动，
接下来那个双休日，两天都没休息，
走访了多个菜场摊贩，找了区商务局访谈，
星期天凌晨 4 点与摊贩一起去批发市场进货。
一路上进行了海阔天空的交流，
也体会到摊贩的勤劳和辛苦。
从郊区回来，马上赶写出两千多字的小报告，
附了多张统计表、柱状图、走势图，
星期一上班前已经摆在领导桌上了。

下面，是这篇稿子的浓缩版：

柱状图

128K/s 5G 98% 上午08:08

例文（21）

市政府办公厅近日专门调研菜场摊贩的工作和生活状况，同时对引发关注的本市零售菜场价格与批发价格差价较大问题有了一定了解。大多数摊贩是夫妻共同租赁一个摊位，每天凌晨4点蹬黄鱼车（自行加装柴油机）到郊区批货。该车载重400斤左右，品种五六个至十余个不等。根据星期六本市菜价计算，平均每斤赚取批零差价0.8—1.0元。按每天毛利率350元类推，每月毛收入万元左右。支出主要包括：每月摊位费加菜场清洁费、水电费等1000—1200元，一家三口或四口（二胎居多）在菜场附近租房费用1000元左右。按此计算，家庭月纯收入8000元左右，人均4000元，如算上早出晚归、全月无休因素，相当于月工资3000元左右，与本市社平工资接近。**我们分析认为，蔬菜批发与零售的差价表面看比较大，实际上客观反映了当前劳动力价格，也符合末端分散的物流成本远高于长途集约运输成本的规律。或者换个角度看，省城较高的房租等生活成本，倒过来影响了蔬菜零售价格。**

文字后面附了什么样的图表呢？比如：

二胎

批发零售差价图

图7: 13种蔬菜批零差价率对比

从这张图大致可以看出一个规律，
不容易储存的菜，批零差价更大。
为什么会这样？我们分析认为，
卖不完烂掉的，菜贩需要转嫁部分成本，
往哪里转？消费者承担一部分吧，有其合理性。

老万在材料中分析批零差价"太大"的原因：
一是集约物流与零散物流的成本差异，
30吨一车当然比300斤一车合算，
这一点，相信各种版本教科书上都有。

二是与生活成本、劳动力成本有关，
三是零售环节腐烂，以及交易损耗，
摊贩反映，老太太买菜比较挑剔，
上秤之前一个劲剥菜帮子，新鲜的也剥。
不敢说以上分析一定很严谨，
但它的价值在于，是我们深入一线了解的，
所列举摊贩的例子是活生生的。

> 有些油腻的大老爷们买菜也剥菜帮子呢！

一层菜、一层可乐瓶，
再一层菜，再一层可乐瓶。

市领导视察批发市场的时候，还看见卸货，
卸货有什么看头？有！领导善于发现问题：
在卡车的车厢里，在蔬菜包装箱子的间隙，
有很多冰冻的可乐雪碧矿泉水瓶，领导问菜贩：
冻瓶子是怕蔬菜腐烂吧，为什么不用冷藏车？
菜贩说：等到天气特别热的时节才租冷藏车，
现在这个办法很管用，也更实惠。

在几天后召开的完善营商环境会议上，
市领导脱稿说：我前几天在批发市场看到，
菜贩子用回收的可乐瓶灌自来水降温，
一层菜、一层可乐瓶，再一层菜、一层可乐瓶。

讲了这个小故事铺垫之后，领导接着说：
完善政府服务，要避免包办代替，要分清界线，
比如，政府当然要鼓励企业发展高科技，
但企业的土办法有时也很管用，还节能环保，
我们要尊重市场主体的自主选择，
不能搞一刀切，不能搞强行摊派。

以上两个段子表明，领导非常需要了解具体情况，
有的细节对领导的影响，不仅体现在该项工作本身，
有时还可以跨领域触类旁通。

老万划重点

政务信息不仅需要必要的数据，更需要数据背后的原因和鲜活实例。

 一刀切

为写这篇文字，老万又翻看当年的信息简报，
不看不知道，看了真的吓一跳！
当时，我们还给领导画过这种图：

不同品种蔬菜价格波动对比

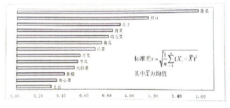

图4：零售市场13种采样蔬菜价格波动情况比较
（以价格标准差衡量，数值越高的品种价格波动越剧烈）

$$标准差 s=\sqrt{\frac{1}{n}\sum_{i}^{n}(X_i-\overline{X})^2}$$

其中 $\overline{X}$ 为均值

居然用上了高等数学？是想吓唬领导吗！

菜价信息就这两把刷子吗？
不不不！下一章还有领导的另外两个段子。

 标准差

第九章
每项工作都有 N 种写法

老万跑菜价那个阶段，旁听领导会议，
听到几个段子被领导多次提起、反复引用。

其中，有的是领导调研的切身感受，
有的则来自于我们上报的信息简报里的句子，
这起码说明写得比较生动，引起领导共鸣了。

上面一章讲了 2 个，下面继续。

某一天下午，领导临时决定察看蔬菜生产情况，
没带商务局、农业局的人，就办公厅两个人跟着。

小车在郊区转半天，很难看到田野有农民劳作，
可能因为是盛夏，谁也不愿顶着烈日干活。

好不容易，远远看到一处菜田有人劳作，
领导让驾驶员隔老远停车，步行走近那块菜地，
3 个老年农民在地里采摘小青菜。

领导主动上前打招呼、握手、攀谈：

"老大哥这么大年纪还下地干农活？"

"孩子们都到城里去工作了吗？"

其中一位，用泥土芬芳的手比划着说：

"我们 3 个加起来有两百岁，只有 9 颗牙齿。"

> 脸上绽放着完全可以当群众演员的笑容。

随后几天，老万和同事又走访了几个村，
将了解到的情况写在菜价的信息中：

 例文（22）

　　据市商务委报，本周本市两个农产品批发市场 10 个消费量相对集中的蔬菜品种平均批发价1.4元/500克，比上周增长8%，与上月同期相比增长17%；市区20家菜市场该10种蔬菜平均零售价2.7元/500克，比上周增长20%，与上月同期相比增长25%。其中，小青菜4.2元/500克，比上周上涨40%。**据市政府办公厅工作人员到庆丰县走访3个行政村了解到，**农民普遍反映，种植鸡毛菜、小青菜的田间管理和采摘，所需劳动力比种植瓜茄豆类多得多，机械用不上，而本地劳动力严重不足。走访的3个行政村，包括75岁以下老人，平均每个村子经常下田劳作的菜农仅五六十人。其中一个村因为开展"美丽乡村"建设，乱搭建都已拆除，外来人口已被部分清退，劳动力短缺矛盾更加突出。

领导的那次微服私访，对两个问题印象深刻，一是本地户籍农村劳动力短缺，真的非常短缺！二是有的村镇田间乱搭窝棚问题非常普遍。

当时，领导指着不远处的一大片窝棚，要求办公厅对市郊类似情况全面排查一次。

下面，是我们调研材料的浓缩版：

例文（23）

市政府办公厅针对郊区劳动力缺乏以及田间地头违法搭建窝棚问题，专门走访了市郊3县各1个镇，该3个镇分别有外来农民承包蔬菜种植户42户、31户、35户，每户承包菜田一二十亩至百十来亩不等。**一部分承包户在田间搭建窝棚，有的是祖孙三代吃住在田间，鸡鸭猪狗同时养殖，生活污水随意排放、垃圾堆积无人清运。**同时，市蔬菜集团在郊区的种植基地也反映缺乏劳动力，据介绍，该公司人力成本越来越高，也越来越难雇到人，公司提供住宿的"长期工"160人，日工资前年60元，去年70元，今年提高到80元。农忙时雇"短期工"，原来只需在附近几个村找人，现在要派中巴车到周边几个镇兜圈子"抢"劳动力，短期工前年80元，去年上半年100元，目前提高到120元。**庆**

窝棚

丰镇副镇长表示，尽管工作难度很大，但镇里会尽力做好工作，让大多数外来菜农租住到农民住宅，在确保完成市里下达的蔬菜生产任务的同时，努力做到逐步拆除田间搭建的违法窝棚、恢复农村自然田园风貌。

请注意庆丰副镇长的表态，软中带硬！

意思是说，保障蔬菜产量的任务，与治理田间窝棚的任务，存在冲突，也表明这是个系统问题，治理起来没那么简单。

以上情况是段子之四的来源：

一家三代五六口，吃喝拉撒在田间，鸡鸭猪狗一起养。

详细的分析和领导决策过程，这里省略了，反正后来，我们这个城市发生了两个较大变化：

一是市商务局定点联系了几个外省的蔬菜基地，约定每年冬淡、夏淡季节补充供应本市绿叶菜。

二是全面拆除田间窝棚，消除各类隐患。

田园风貌

再后来，省城3县6区全面治理城乡违建。
这与报送菜价信息关系不大，有另外的背景。
冰冻三尺非一日之寒，解冻也不能急，
慢功细活，全面拆违工作持续了3年，
幸运的是，整个过程比较平稳，没有大的冲突。

> 不像有的城市，大冬天的限几天内必须搬家。

手机菜价信息截屏

●●●● 中国移动 上午10:54 🔋 84%
‹ ...-63...694 ⓘ

...44吨，...19.15元/公斤。
6765头，593.43吨，19.15元/公斤。果品1583吨。

前天 上午10:57

12月17日，集团蔬菜成交量9301吨，3.49元/公斤，菜菜8278吨，3.56元/公斤，郊菜1023吨，2.94元/公斤。十大品种均价1.95元。肉类成交量8442.5头，694.92吨，19.47元/公斤；其中白条肉6707头，588.09吨，19.72元/公斤。果品1621吨。

这项任务三年前就完全由职能部门负责，
但是现在老万仍然每天接收菜价群发短信推送。

> 就看着玩玩，够自恋的吧！

自恋

老万所说的每项工作的N种写法，
并不是文字上翻花样，而是内容挖掘和拓展延伸。
从蔬菜零售市场，写到批发、写到种植环节，
从农业写到农村、农民，一农到三农，
从本地农民写到外来农民。

对于领导让办公厅跑菜价这件事，
说实话，一开始老万和几位同事都不太理解，
随着调研深入、越写越嗨，就慢慢理解了：
菜价这件事，涉及农业局、商务局等多部门，
还有，运输涉及交通路政局、补贴涉及财政局。
商务局不能抢上游农业局的工作做，
农业局也不便于指出下游商务局工作的不足，
职能部门都会被怀疑瓜田李下、屁股指挥脑袋，
就办公厅没屁股，可以上下游其手。

> 劳碌命的人总能为自己找到多干活的理由。

机关有些规律没写在纸上，但大家心知肚明，
比如，临时的、额外的工作，上马容易下马难，
双休日跑菜场，又不发加班工资，真是苦啊！

上下游其手

没办法，只能把领导表扬当鸡汤喝了壮行。

老万划重点

> 在机关，给自己加戏千万要谨慎，一旦加上去，就轻易难解套。

　　一个偶然的机会，老万向亲戚抱怨说：

我们小区附近菜场方便倒是方便，就一点美中不足，

　　卖咸菜的摊位只有一个，没得挑选，

而且从来不让价，比当年的国营菜场还霸气。

亲戚很吃惊，说：说明你们省城也有欺行霸市，

　　比我们老家小地方好不到哪儿去嘛！

他还说：你注意观察，凡是菜场面积够大，

　　同类品种的摊位，一开始一般不止一家，

　　　　但到后来只剩一家垄断，价格死贵，

那一定是发生了摊主"火并"、摊位"并购"，

　　存活下来的这个咸菜摊，可不一般！

说明这个菜场存在欺行霸市行为，黑社会雏形！

　　　　治大国如烹小鲜，

菜市场就是小社会，既有"灰社会"的自治，

　　　　也有职能部门的管治，

国营菜场 ►

写准、写深菜价信息可不容易！

老万原来自以为深入调研，对菜场很了解了，

　　也许，离菜场的真相还差很远呢！

不过，先只能这样了，没证据的不能瞎写啊！

手机菜价信息截屏

●●●● 中国移动 令　　上午10:54　　📶 84% 🔋

〈　　　　　　👤　　　　　　　ⓘ

　　　　　-83　　894

765.44头，10.35元/公斤；果干白条肉
6765头，593.43吨，19.15元/公斤。果
品1583吨。

12月17日，集团蔬菜成交量9301吨，
3.49元/公斤，客菜8278吨，3.56元/公
斤，郊菜1023吨，2.94元/公斤。十大品
种均价1.95元。肉类成交量8442.5头，
694.92吨，19.47元/公斤；其中白条肉
6707头，588.09吨，19.72元/公斤。果
品1621吨。

12月18日，集团蔬菜成交量9299吨，
3.34元/公斤，客菜8303吨，3.39元/公
斤，郊菜996吨，2.87元/公斤。十大品
种均价1.85元。肉类成交量8723头，
711.83吨，19.22元/公斤；其中白条肉
6790头，589.69吨，19.53元/公斤。果
品1566吨。

12月19日，集团蔬菜成交量9390吨，
3.46元/公斤，客菜8375吨，3.51元/公
斤，郊菜1015吨，2.97元/公斤。十大品
种均价2.01元。肉类成交量8682.5头，
709.53吨，19.91元/公斤；其中白条肉
6968头，602.31吨，19.96元/公斤。果
品1856吨。

📷 🔖 Ⓐ　　　　　　　　🔼

真相 ►

领导：小刘，明天上午9点省城有个会，我刚接到通知，你问下今晚去省城的航班还有没有？

小刘：领导请稍等，我马上去问。

（几分钟后）

小刘：领导，向您汇报一下。今晚最后一个航班一刻钟前已经起飞。

领导：那么——

小刘：明天早上第一班高铁要8点才能到达，考虑省城堵车因素，可能赶不上9点钟开会。

领导：那么——

小刘：本市出租车不能跨行政区运营，优步、滴滴、易到专车大致是这样的，用奥迪A6车型，八百元左右，用奥迪A4六百元左右，发票可以事后补开。

（省城开会回来后）

领导：哎呀，公车改革后确实不太方便了。不过，小刘很不错，办事细心周到。

小刘

入职培训里有一条，做任何工作都要"打一备二观三四"，凡是领导提出一个问题，起码要准备三四个周边答案。

 周边

第十章
推荐扁平结构的布局谋篇

之前分析的例文，

就篇幅来说，主要是两种，

一种是几十字的短信息，

另一种是三五百字篇幅，

机关简报刊登这两种篇幅的约占 80%。

一两千至两三千字的篇幅，

一般是专报信息，

什么是专报？别急，后面会讲。

老万把这种篇幅的信息称为中篇信息，

本章，推荐一种中篇信息的扁平结构写法。

我们平时常见的中篇文字材料，

大致是这样的：

 专报

信息调研材料的常见结构

一、基本情况

1、领导重视，建立定期例会制度……

2、经费保障，每年预算安排……

3、注重场所设施和队伍建设……

二、存在问题

1、作用地位没有得到应有重视……

2、经费仍然捉襟见肘……

3、场所已建成十多年没有大修，人员流失严重……

三、对策建议

1、进一步提高认识……

2、请求增加经费预算，形成与物价同步增长机制……

3、加强队伍建设，增加收入水平……

这种三段论的结构，有人认为非常"八股"，
但是，既然机关仍在普遍采用这种结构，
那说明还是有它的可取之处。
首先，条理比较清楚，写成绩就集中写成绩，

重视

写问题就光写问题，
成绩、问题、建议三部分有时也可以独立成篇，
每一个部分都可以写得充分、写得透彻。
同时，充满辩证法，既要看到问题，更应看到成绩。
不充分总结成绩，对不起广大员工的努力付出。

所以，老万并不反对你继续使用这种结构，
但你不能满足于只会这一种布局谋篇结构，
在有些场合，这种结构并不是最佳的。
为了让你更真切地体会这种结构的弊端，
我给你看看下面这个段子：

程式化的信息调研材料结构

存在问题：好喝酒（贪杯）

分析原因：酒好喝（诱惑大）

总结经验：喝酒好（增进交流）

整改措施：酒喝好（喝不到位不如不喝）

努力目标：喝好酒（只喝茅台）

茅台

这个段子流传比较广泛，

不知道不写材料的人会联想什么？

也许这段子的初衷不是讽刺八股，至少主要不是，

但是，写材料的人看了这个段子，会脸红吗？

反正老万看了是脸红的。

程咬金都有三板斧，我们在机关靠写材料安身立命，

就只会一板斧吗？

显然对不起工作，对不起自己。

在推荐扁平结构写法之前，

我们先把中篇材料的分类和构成分析一下。

按照褒贬分类，中篇信息有两种：

一种是总结经验的，

另一种是查找问题提出对策的。

下面，我们以总结经验的版本解剖麻雀。

总结经验，有人把它称为表扬稿，那是笼统说法，

我们梳理素材的时候，应该拆开来、打碎了，

细化地进行思考，具体包括四个层次：

做法：叙述做法必须步骤清楚，可借鉴、可复制。

成效：既要定性描述，又要尽量用数据说话。

经验：从具象到抽象，从现象到本质。

借鉴或启示：由此及彼，从特殊到一般。

按照这四个层次把素材梳理清楚后，

然后开始组装，组装的时候从哪里入手？

这里借用一下我国道教的说法，

道生一，一生二，二生三，三生万物。

那么，一是什么呢？是钱？还是人？

马克思、亚里斯多德等先哲们说过，

人是社会关系的总和，

任何工作做得好坏都与人有关系。

同时，在机关时间长了都知道，钱也很重要，

不给你这个部门安排预算，你什么也干不成。

财力是做好一切工作的基础保障。

然后，我们平时常常把"人财物"放在一起提。

还有，体制机制，环境基础，偶然事件。

总结经验的思考路径

· 偶然因素

· 体制
· 机制

物

人

财

· 环境
· 条件

分析到这里，老万忍不住想特别叮嘱一下，

不能一看到"人财物"是关键因素，

就把什么稿子都写成下面这个格式：

一是领导重视，落实组织保障，

二是纳入重要议事日程，给予充足的经费保障，

三是注重场所设施建设，加强队伍建设。

这样写，不是又落入八股的窠臼了吗？

难道这些要素就没有其他组装方式了吗？

扁平结构是什么样子呢？请看下面例文：

 例文（24）

在居民共识基础上实施　靠居民自治确保长效

宝山路街道扬波小区垃圾分类成功案例分析

庆丰区宝山路街道扬波住宅小区从2011年9月开始试点垃圾分类，10个月来，参与的居民比例稳定在90%以上，垃圾箱房无外溢、无污渍、无异味。我处近期到该小区调研，试图通过剖析这一案例，对全市面上工作有所启示。

一、充分协商达成高度共识，使垃圾分类成为绝大多数居民的共同自觉行动

扬波小区是一个由两幢高层、159户居民构成的微型住宅小区，最初并未被列入垃圾分类试点，经街道、居委会与居民充分协商后，主动向主管部门提出开展试点。街道负责人特别提到，之所以选择扬波小区，是因为该小区居民自治基础比较扎实。数年前业委会曾将不称职的物业公司辞退，在一时没有物业公司愿意接盘的情况下，业委会自行聘用物业保安、保洁人员，使一度的脏乱差状况迅速扭转为整洁有序。当街道向业委会提出试点意向时，双方都感到，与全体居民密切相关的事，要想取得预期效果，必须通过必要的征询居民意见程序。最初口头听取部分居民意见时，约三分之一家庭存在观望情绪，经过居委会、业委会挨户动员、组织讨论，2个月后对全部居民发放问卷，取得100%家庭同意。

二、分类关口前移到家庭，分类主体从保洁员前移到居民，在家庭初步分类基础上确保小区垃圾分类有效实施

垃圾分类的主体是谁？垃圾分类"工序"中哪些由居民在家完成？哪些由物业保洁员在垃圾箱房完成？这些似乎都不是大问题，但它确实成为制约某些小区试点顺利推进的症结。宝山路街道在试点前组织居民骨干讨论，积极引导居民把分类关口前移到家庭，突出居民作为实施主体；保洁员主要负责"拾遗补漏"。经过宣传引导，居民也意识到，

"如果仅仅依靠保洁员在垃圾箱房分类，那么再增加几位保洁员也忙不过来"。居民们达成共识，先在家中对干、湿垃圾分开投放（街道向每户家庭免费发放两个垃圾桶）。居民到垃圾箱房无论投放干、湿垃圾，都将垃圾袋打开，区分干与湿、有毒与无毒、可回收与不可回收，分别投入对应垃圾桶，空垃圾袋投入专门的垃圾桶。

实施中，部分居民上网查阅国外情况认识到，分类越细越有利于废弃物充分回收利用，更大程度实现垃圾减量化、无害化、资源化。因此提出，既然下决心做，就要做到位。于是，从最初分干湿2类，到4类，再到现在除了湿垃圾、无回收价值干垃圾外，还细分玻璃、有害垃圾、塑料包装、塑料瓶、旧衣服、纸张、利乐包、金属、过期药品共9类。垃圾箱房经改扩建后，整齐排放10来只垃圾桶，分别张贴明显标识加以区分。

三、积极落实垃圾"去向"，不断完善细节体现人性化，多方面创造条件确保垃圾分类成效得到巩固和持久

街道在居民、业委会和环卫等专业部门之间，较好地发挥了联络、协调、引导作用，巧妙地将管理寓于服务之中。一是协调落实分类后的垃圾去向。有的回收公司嫌弃废旧物资数量少、分布散、路途远而不愿上门收购。小区居民感到，"小区细分、终端不分，等于没分，不能半途而废"。为

问卷

人性化

此，街道多方联系，取得区环卫、科协等多个部门和单位支持：过期药品由食药监部门回收处置；电子废弃物由金桥再生资源公共服务平台每月一次到小区回收；金属、塑料瓶、纸张等由物业保洁员送到废品回收站，出售所得作为其工资补贴；由环卫垃圾车负责清运的餐厨等湿垃圾和一般干垃圾，增加了驳运班次。**二是在实施初期安排专人示范引导。**从第一天起，安排专人在垃圾箱房旁边对居民规范投放进行现场劝导示范。劝导力量来自三方面：街道邀请"庆丰区热爱家园志愿者协会"每天在居民投放垃圾集中时段轮流派人义务值守，累计近百人次；业委会成员（均为退休人员）轮流在现场察看；小区物业保洁员对垃圾箱房保洁时兼顾劝导。经过两个月的监督引导，绝大多数居民逐步从"被动"实施垃圾分类转化为自觉行为，专人"盯守"改为不定时巡查。**三是引导居民完善工作细节。**为防止湿垃圾桶产生异味、滋生蚊蝇，将原来封闭式的垃圾桶盖，改为透气的不锈钢丝网盖。为使居民冬季扔垃圾后能用上热水洗手，业委会在垃圾箱房旁边安装了电热水器，居民志愿者拿来自家洗手液供免费使用。

四、在群众中大力宣传普及低碳环保生活理念，营造良好的舆论氛围，形成实施垃圾分类的社会基础

宝山路街道负责人介绍，扬波小区的成功不是一个孤立事件，街道此前已在辖区14所中小学和幼儿园的1万多名师生中开展了垃圾分类试点，学生对家长的带动和影响不可小视，已有2000多名学生和居民办理了记载垃圾分类数量的"绿色账户"。调研感到，街道、居委会广泛发动居民积极参与，发挥业委会和广大居民的自我管理、自我服务意识，是实施垃圾分类的初始动力和可持续保障。同时，提高了环保意识的扬波小区居民，自发提高了垃圾分类标准和垃圾箱房的卫生标准，"倒逼"专业部门为分类垃圾寻求去向，形成群众和政府良性互动、上下游工作环节相互促进的良好局面。

此外，宝山路街道负责人强调，"扬波小区垃圾分类尽管取得较好成效，但要面上推广还有很长的路要走"。垃圾分类作为一项系统工程，宜先易后难、稳妥推进，防止急于求成可能造成较大面积"回潮"或"夹生饭"。建议全市面上进一步加大宣传力度，增加机关、学校、医院、商务楼宇试点比例，通过学生影响家长、单位带动家庭，先在公共场所大庭广众下"被动"分类，逐步养成在家庭和社区自觉分类的良好习惯。

两三千字的稿子，太占篇幅了，
这种长篇的例文，本书仅此一篇。

劝导

倒逼

从哪里入手分析呢?

全文只有 4 个标题,

都是一级标题,

而且只有一级标题,

没有二级标题,

没有重重叠叠的"阁楼",

没有大一二三、小 123、甲乙丙丁。

扁平结构的例文提纲

- 一、充分协商达成高度共识,使垃圾分类成为绝大多数居民的共同自觉行动
- 二、分类关口前移到家庭,分类主体从保洁员前移到居民,在家庭初步分类基础上确保小区垃圾分类有效实施
- 三、积极落实垃圾"去向",不断完善细节体现人性化,多方面创造条件确保垃圾分类成效得到巩固和持久
- 四、在群众中大力宣传普及低碳环保生活理念,营造良好的舆论氛围,形成实施垃圾分类的社会基础

从这 4 个标题看,没有八股的"人财物",没有常见的"领导重视""组织保障""经费保障"。

每个标题的句子,既有做法,也是经验启示。

然后,我们再来分析其中的两个段落:

 例文(24)的局部

一、充分协商达成高度共识,使垃圾分类成为绝大多数居民的共同自觉行动。

扬波小区是一个由两幢高层、159户居民构成的微型住宅小区,最初并未被列入垃圾分类试点,经街道、居委会与居民充分协商后,主动向主管部门提出开展试点。街道负责人特别提到,之所以选择扬波小区,是因为该小区居民自治基础比较扎实。数年前业委会曾将不称职的物业公司辞退,在一时没有物业公司愿意接盘的情况下,业委会自行聘用物业保安、保洁人员,使一度的脏乱差状况迅速扭转为整洁有序。当街道向业委会提出试点意向时,双方都感到,**与全体居民密切相关的事,要想取得预期效果,必须通过必要的征询居民意见程序**。最初口头听取部分居民意见时,约三分之一家庭存在观望情绪,经过居委会、业委会挨户动员、组织讨论,2个月后对全部居民发放问卷,取得100%家庭同意。

这个段落与其他 3 个段落的格式一样，

都是比较典型的夹叙夹议的写法。

"叙"的部分，比如，一开头，介绍小区概况，

叙述了试点的来龙去脉、一波三折，

还讲了这个小区曾经的辉煌事迹。

平时总是听说物业公司收支不平衡，撂挑子，

这个小区居然辞退不称职的物业公司。

可见业委会领头人是个敢碰硬、拉硬屎的主儿。

"议"的部分主要是黑体字部分：

与全体居民密切相关的事，要想取得预期效果，

必须通过必要的征询居民意见程序。

这既是对做法的描述，也是经验的总结。

"议"的部分后面，又是"叙"的内容：

起初三分之一家庭观望，

2 个月后发放问卷，100%同意。

这就是所谓的夹叙夹议，

更像口头汇报的节奏。

边讲故事、边讲道理、边做评判，

故事讲完，观点亮出来，文章也该结束了。

下面，再分析这篇材料的最后一段：

 夹叙夹议

例文（25）

四、在群众中大力宣传普及低碳环保生活理念，营造良好的舆论氛围，形成实施垃圾分类的社会基础

扬波小区的成功不是一个孤立事件，街道此前已在辖区14所中小学和幼儿园的1万多名师生中开展了垃圾分类试点，学生对家长的带动和影响不可小视，已有2000多名学生和居民办理了记载垃圾分类数量的"绿色账户"。调研感到，街道、居委会广泛发动居民积极参与，是实施垃圾分类的初始动力和可持续保障。同时，提高了环保意识的扬波小区居民，"倒逼"专业部门为分类垃圾寻求去向，形成群众和政府良性互动、上下游工作环节相互促进的良好局面。

此外，宝山路街道负责人强调，"扬波小区垃圾分类尽管取得较好成效，但要面上推广还有很长的路要走"。垃圾分类作为一项系统工程，宜先易后难、稳妥推进，防止急于求成可能造成较大面积"回潮"或"夹生饭"。建议全市面上进一步加大宣传力度，增加机关、学校、医院、商务楼宇试点比例，通过学生影响家长、单位带动家庭，先在公共场所大庭广众下"被动"分类，逐步养成在家庭和社区自觉分类的良好习惯。

 绿色账户

仔细琢磨这段，

除了分析它的夹叙夹议之外，

重点要体会它怎么把握写材料的"度"的问题，

也就是作者应该持什么立场、观点、方法。

这段不长的文字，包括 3 层意思：

前三分之一，主要是分析成功的原因，

这个原因在该小区之外，属于"中观"环境，

小区要想做好，

必须有更大的社区环境氛围，

并不是一个小区想做好就一定能做好的。

中间三分之一，是非常冷静理性分析更大的环境，

没有把话说得很满，没有包打天下。

作者告诉领导：这是艰巨复杂的系统工程，

不能急于求成，否则可能做成夹生饭。

最后三分之一，是对全市开展这项工作提建议，

当然，主要是思路性的、原则性的建议，

更具体的方案、路径，限于篇幅，无法展开。

另外，中长篇信息材料要注意压缩篇幅，

以下方法有助于让材料变得更简洁直观：

中观 ▸

如何压缩信息调研材料的篇幅？

- 大小标题直接写明重要观点和结论
- "帽子"部分尽可能写实质性内容
- 重点内容用黑体字，更加醒目
- 论证过程有时可以省略：职务身份和岗位职责背书，信用累积

上图中的几个方面要求，相信都容易理解，

老万觉得第 2 条可能需要解释一下。

大多数文字材料，

除了开头要有一段大帽子之外，

还在一、二级甚至三级标题下要有帽子，

不写几句过渡性质的话，

总觉得文章不完整，像冬天没戴围巾似的。

脖子冷飕飕……

用空话套话穿靴戴帽，是八股文风气，

而把帽子写得精炼，可以画龙点睛。

帽子部分究竟应该怎么写实质性的内容?

初学者可能不太好理解，

还是请看下面的例子：

帽子 ▸

大的"帽子"要言之有物

关于居委会减负问题的基层反映和建议

今年以来，我处派专人到居委会蹲点调研，了解居委会反映工作任务过多、负担过重问题。根据近期蹲点掌握的一手资料，结合我处多年联系街道、居委会排摸了解的情况分析感到，居委会的工作既有项目数量偏多、任务总量"过重"问题，也有行政下派任务挤占自治工作的结构性"过重"问题，还有特定时段突击任务造成的阶段性"过重"问题。这些现象与居委会的角色定位和供养机制密切相关。建议大幅度削减各类检查、评比，提高居委会工作经费和收入水平、改善队伍结构，切实加强基层工作。

首先看全文的大帽子，完全没有废话的帽子，
第一句交待调研方式，增强可信度。
第二句是对居委会减负问题的判断，
是对全文的高度凝炼归纳，
揭示这个问题的本质。
而且这样的表述在下文不再出现。

🔊 结构性 ▸ 😀 ➕

再看大"一"和小"1"之间的这个小帽子，
基本上可以算是小得不能再小了，
它的存在并不是一种摆设，
而是有实质性内容的，
也就是说，
它对下面的内容给出了限定性，
即梳理各类反映的脉络是什么？
是按照成因来梳理的。

小的"帽子"要高度概括

一、对居委会减负问题的反映和分析
街道和居委会关于减负问题的各类反映，按照引发这一问题的原因梳理，大致可归纳为五个方面：
1、从功能定位看，居委会角色的双重性是工作负担偏重的主要原因，也是减负呼声的逻辑基础。大多数基层同志认为，居委会既是群众自治组织，也是基层政权的延伸。有居委会干部说，"居委会如果是党政机构，任务再重也得承受……

🔊 脉络 ▸ 😀 ➕

最后，老万要叮嘱一句：

扁平结构和夹叙夹议写法，用的时候要慎重：

一是看你的文字能力是否达到随心驾驭，

二是看你的领导对文字风格的偏好。

毕竟八股文风气由来已久，臀厚身体沉，

你特立独行的话，要考虑风险。

> 否则把夹叙夹议写成夹生饭。

驾驭

第十一章
信息的语言风格

下面要分析的是一份真实的文件，只不过改了地名。

为了讲解方便，老万让文件逐步显露出来，

先看下图，是文件的标题和"抬头"：

> 废话！序言里提到，本书引用的都是真实存在过的材料。

工会文件之一

江山县总工会

关于使用工会经费购买中秋慰问品有关事宜的通知

各街道乡镇总工会、委办局（产业）工会：

关于工会福利这件事，以老万的角度来看——

等等！什么是老万的角度？

就是那种在机关时间虽长但从不关心福利的麻木者。

福利

因为心里清楚，公务员的工资不与业绩挂钩，
福利也是如此，你关心也好、麻木也罢，
就那么可怜的一小丁点，不增不减。

自从"八项规定"之后，机关福利一落千丈！
原来逢年过节发的月饼、粽子和水果，全消失了。
廉政是好事，如果配套地加点工资就更好了，
否则同学聚会太没面子。
同时，老万有个印象，是从新媒体得来的：
中央很关心公务员福利，主要是中间肠梗阻，
好像之前有个微信帖子说：
不能把公务员的正常福利与反腐败混为一谈。

那么，江山工会的文件到底是紧箍咒还是松绑？
单从这个标题看，你是根本看不出来的。

作为文件，你可以是这样正襟危坐的文字风格，
但是，如果作为信息稿，就不提倡这种标题，
信息的标题应该直接传递明确的态度！

🔊　风格 ▶　　　　　　😊 ➕

工会文件之二

江山县总工会

关于使用工会经费购买中秋慰问品
有关事宜的通知

各街道乡镇总工会，委办局（产业）工会：
　　中秋将至，本县各基层工会应按照有关规定，在全年统
筹的基础上，在不超过基层工会留成经费50%的额度内，合
理使用好工会经费，做好职工慰问工作，保障会员正常福利。

这部分强调了工会经费使用中的注意事项，
老万相信，这些注意事项都是"重申强调"，
而不是新规定的第一次发布。
假设都是重复以前的规定，那么老万要问，
既然已有规定，干吗要再次重申强调！
处理一两起典型案件不是更管用吗？

> 这是人为制造文山啊！

读到这里，仍不知道是要严管还是松绑，
这样的文字风格，基本上算是云山雾罩。

🔊　重申强调 ▶　　　　　　😊 ➕

工会文件之三

江山县总工会

关于使用工会经费购买中秋慰问品
有关事宜的通知

各街道乡镇总工会、委办局（产业）工会：
　　中秋将至，本县各基层工会应按照有关规定，在全年统筹的基础上，在不超过基层工会留成经费50%的额度内，合理使用好工会经费，做好职工慰问工作，保障会员正常福利。同时按照全总要求，工会经费不得列支购买月饼费用。
　　特此通知。

江山县总工会办公室
2017年8月28日

中秋节单位发月饼是别指望了。

不能让自己做恶人。

　　读到最后一句，大家终于明白了：

不是放松，也不是发福利，而是强调财务纪律！

　　顺便说一句，文件专门提到：

是根据全总的有关政策发文，不是我县的独创。

用这样的文字风格写文件好不好？稍后会解释。

纪律

老万在此告诉初学者，信息稿不能用这种风格！

老万划重点　信息稿的文字风格是，不要考验读者的学识和耐心！

信息与文件的文字风格区别

■ （文件的写法）
完善上海市海外人才居住证（B证）制度，降低科技创新人才申请条件，延长有效期限最高到10年。

■ （信息的写法）
居住证转办户口年限由7年缩短为2至5年。

这两句话都选自上海"科创中心22条"文件。作为对这项政策只需要达到一知半解的人来说，

下面一句的语义基本是明确的，

即从几年缩短到几年，这句子有头有尾。

而上面一句，似乎有尾（10年），但是无头。

有头有尾

一两句话写不完，不如放在实施细则中详细写清楚。

　　文件出现这样的句子，有它的特殊性，但是，信息稿最好不要出现类似句子。为什么？领导阅读信息的目的是，获取情况、释疑解惑，

　　不能让领导脑子里凭空多出一连串问号，

　　而你又没有机会在领导身边解释，这不急人吗？

老万划重点　信息稿的文字一般是有头有尾的，情况和问题见底的。

信息文字使用的性价比

■ 经过一段较长时间的一个高强度的文字训练，而且是在带教老师的一个严格的指导下进行的，呐，你自己也可以感觉到，现在，你的文字材料的写作水平取得了一个非常明显的进步，从你的材料中，看得见你对政府工作常识的一个积累过程，并且文字表达水平和技巧也上了一个台阶。（124个字。完全口语化的表达，太啰嗦）

■ 在带教老师严格指导下，经过一段时间高强度训练，你现在写的材料已经体现出你对政府工作常识的积累，文字表达水平也上了一个台阶。（比较简练、也便于流畅阅读，60个字，节约了一半篇幅）

■ 经过带教老师严格指导下的一段时间高强度训练，你的文字材料已经体现出政府工作积累和表达技巧。（44个字，又节约了16个字，但牺牲了部分阅读流畅性，边际效应严重递减，而且很花时间，不提倡）

　　上图中的 3 段话，传达的信息量是差不多的，

　　从阅读的流畅性来说，第二种比较合适，

　　第一种口水话太多，有的口头禅简直让人讨厌！

　　第三种虽然很简洁，但读起来拗口，不提倡。

　　信息稿件应该极力避免阅读"疙瘩"，

　　信息本身就是领导可看可不看的参考资料，

　　文字的流畅性是吸引领导阅读的重要方面。

　　为什么要专门强调这个问题？

因为我们从小学开始就强调言简意赅，
还有古人的榜样：不可增一字，不可少一字。
老万认为，信息稿不必追求这个境界。

老万划重点

> 信息稿不追求过分的简洁，它的言简意赅
> 是有限度的，不以牺牲阅读的流畅性来节
> 约篇幅。

否则就不会有类似《政府工作报告800字极简版干货！》的帖子流行了。

文件为什么可读性不强？
当然，文件的文字确实不能太放松警惕，
文件的表述必须准确、没有歧义，
它需要防止行政相对人钻空子。
而写信息基本上可以不必考虑读者钻空子，
或者说，避免瑕疵不是信息写作的主要注意事项，
力求全面、到位、知无不言才是更主要的。

领导可没闲心跟你扯袜子。

关于信息的文字风格，大致这些。
讲完题内话，再说点题外话，
解释一下科创 22 条文件的那句话是怎么回事？
文件中为什么出现有尾无头的句子？

行政相对人 ▸

虽然这不是本书的主题
但作为一种普遍的机关生态，
新公务员应该了解一下。

说不定老万下一本书会专门分析。

一是各地情况不同，需要因地制宜。
上位文件只提出原则，具体规定留给下位文件写清楚。
二是不同层级政府分权治理的要求。
这在我们大一统的中央集权国家还远不明显，
在美国，联邦政府文件不能干预州政府权限事务。
虽然用文件贯彻文件，层层拦截，降低文件含金量，
这种做法备受诟病，但恐怕暂时难以改变。
国务院一个文件，对上海合适，对新疆未必，
很难一个文件放之四海而皆准。
三是部门之间也需要分权制衡。
科创 22 条可能是科委、发改委等综合部门制定的，
实施细则留给公务员局或外国专家局制定，
各部门之间既需要配合，也需要监督，
不能由某一个部门把活一竿子做到底。

制衡 ▸

四是上位文件要求简洁、突出主题，
太过具体、琐碎的内容，留给实施细则去规定。

还是回到科创22条文件关于人才落户的规定，
也许，原来就分3种情况，对应的落户时间分别是，
3年、5年、8年，按照新政，3年的延长到5年，
5年的延长到8年，8年的延长到10年。
这其中，每种对象还可能细分，有不同规定，
如果把每种情况都写清楚，也许一页纸也写不完，
可能使整个文件详略不得当，外观不平衡。

以上是根据机关制定文件的一般规律分析的，
至于科创22条是不是这几个原因，
没必要对号入座，
因为老万告诉你的是方法，是渔，不是鱼。

第十二章
标题应该怎么写

写散文和诗歌的人经常说，文字是有温度的。
这句话本身就非常感性。
政务信息被认为是四平八稳、严肃但不活泼的。
本章以信息标题为例，解释信息文字的修饰问题，
冷峻或煽情、抽象与具象、含蓄内敛与锋芒外露。

 例文（26）

　　今年以来我省的特区市新能源汽车推广应用成效明显。1—10月新能源汽车上牌18000辆，比去年翻两番，名列全国大中城市前茅。特区市主动向全国开放本地新能源汽车准入市场，先后出台了12项扶持政策。目前，在特区市销售的新能源车企达到23家，车型44种，其中外省市品牌车辆数占66%。各路资本通过PPP等模式参与充电基础设施建设运营，已有15家民企累计建成各类充电桩1.3万个。

应该说，这是一篇内容充实、数据全面的政务信息。

行文非常"规矩"，

这一特点单从标题就有充分体现：

今年以来我省的特区市新能源汽车推广应用成效明显。

标题是一个非常冷静、理性的陈述句，

没有出现亮丽的数据和工作特点。

老万想到一个词，"钝化"；

与之对应的是"锐化"，是张牙舞爪、霸气外露，

按机关现在流行的说法是，更有"显示度"。

政务信息文字的风格具体怎么运用，

需要看题材、内容、报送对象。

到什么山头唱什么歌，有时候并不是贬义。

如果这篇信息是特区市政府报送给省政府的，

那么，不用改！这样写是比较合适的。

一方面，省政府对相关情况此前已有所了解，

基本上每月或每季度会定期报送情况，

领导脑子里此前已有概念，

这条信息的作用是更新数据，

有一说一，就事论事。没毛病！

另一方面，今年以来特区市销售的新能源车中，

有大量的油电混合动力车，这也就意味着，

不少消费者享受了新能源车的补贴和赠送车牌的优惠，

但烧汽油、排污染的概率并没有明显减少，

这让苦等车牌摇号的消费者情何以堪。

存在这样的不尽合理现象，

那么，就把稿子写得低调一点吧，别太张扬。

如果这篇信息由省政府向国务院办公厅报送，

老万建议把标题写得更有"显示度"。

老万试着把标题修改为：

今年以来特区市新能源汽车推广应用数量比去年翻两番，名列全国大中城市前茅，外省市品牌车销量占七成，民营企业是充电桩建设的投资主力。

必要的时候，包子有肉必须放在褶子上，就当是烧麦。

钝化

车牌摇号

一是将"翻两番""名列前茅"等字眼挪到标题中，

很有视觉冲击力（正文一般不再重复）！

二是突出外省市品牌的新能源车销量占大头，

显示特区市没有采取地方保护主义措施。

中央强调全国一盘棋，包括特区市在内的我省各地，

坚决贯彻中央精神不打折扣，不搞阳奉阴违。

三是突出民营资本在新能源车推广中的积极作用，

当地的国企没有搞垄断，市场是完全开放的。

原标题与修改后标题的差异，

就是"本位角度"与"上位角度"的差异。

信息是写给谁看的，就应该转换成什么角度，

中央角度、省角度、市角度、县角度、街镇角度。

在企业，也应区分总公司角度、分公司角度、部门角度。

当然，有一点是肯定的，到什么山头唱什么歌，

只是曲风和调门的改动，歌词不能动，

不能改变信息所反映的基本事实和数据。

关于信息标题拟制，老万提醒几个方面：

1.题文紧扣

老万首先想到的、最初级要求是"题要对文"。

在老万当编辑的印象中，容易出现文不对题问题的，

常常是工作认真、精益求精的初学者，

内容修改增删多遍，面目全非、脱胎换骨，

但忘了最后对标题做相应改动。

2.题小于文

拟制信息标题的基本方法之一是，

从各部分内容分别取一个关键词组成。

请看下面这条信息标题：

 例文（27）

财源县将以城管队伍改革、垃圾分类、渣土运输管理、小广告治理、噪音扬尘治理为主要抓手，加强城市管理和环境建设。

这条信息标题包含了 5 个关键词，

这 5 个"抓手"都是工作措施，

分别对应正文中的 5 部分内容。

但是 5 个都列出来显得累赘，篇幅太长，

保留 2 - 3 个相对重要的比较好。

以摘取关键词的方法拟制标题，如果内容过多，

标题出现的关键词应少于正文内容的个数。

也就是说，正文有的，标题可以没有。

 例文（28）

　　庆丰市从通关便利、降低规费、加快退税等环节入手，促进外贸稳增长。

通关便利、降低规费、加快退税 3 个关键词不算多，

这个标题单独看本身没毛病；

但如果同一份简报中有两篇以上类似的稿子，

为了避免重复、呆板，可以换换花样，

换用一个内涵小、外延大的词替代也可以。

 例文（28）修改稿之一

　　庆丰市着力优化外贸营商环境，促进外贸稳增长。

所谓题小于文，这里的"小"所指的，

不仅是标题中关键词的数量"小于等于"正文内容，

也可以是词义的内涵小、外延大，

用它们的"总称"。

如果庆丰市有更加创新、独特、有效的工作措施，

比如，主动争取海关支持，

共同试点关口便捷验放通道，

而且是全省领先或独一份的，

建议标题可以只写这一项，

正文仍然可以以点带面、兼顾其他几方面内容。

因此，上面这条信息的标题还可以改为：

例文（28）修改稿之二

庆丰市与海关联手试点关口便捷验放通道，加快通关效率、降低企业成本，促进外贸稳增长。

关于拟制标题的"题小于文"的要求，

可以有几种思路：

- 一是抓取2-3个关键词；
- 二是用1个内涵小、外延大的词替代几个关键词；
- 三是只写其中1项最有特色或亮点的措施。

再说一遍，三种思路都可以，

可能不止三种思路，要看具体内容。

3. 避免歧义

这条其实很重要，初学者拟制标题，

验收

首先意思表达要准确，没有歧义。

例文（29）

庆丰市大力开展物流行业整治取得成效。

如果不了解庆丰市当前的重点工作，

可能认为这是一篇反映快递行业治理整顿，

扭转快递变"慢递"、野蛮装卸造成物品破损，

以及私拆偷拿顾客包裹等行风问题的信息。

但实际上这是一篇反映治理违法建筑的信息。

庆丰市当前整治违法建筑工作正处于高潮，

在这样的语境下，一提到对某行业整治，

大家自然理解为，

整治该行业的违法用地、拆除违章建筑，

同时也顺便把低端产业调整淘汰了，"腾笼换鸟"。

这可以说已经接近"约定俗成"的程度，

但是作为正规的书面表达仍然要防止歧义。

这条信息的标题可以改为：

腾笼换鸟

例文（29）修改稿

　　庆丰市将产业结构调整和违法建筑整治有机结合，集中推动淘汰关停一批无合法用地的仓储物流企业。

　　　　　　顺便说句题外话，
　　老万不喜欢"腾笼换鸟"这个说法和做法，
　　某个企业遵纪守法，仅仅因为税收不高，
　　　　　　就要被赶走，这合理吗？
　　有的还涉及到对以前订立的契约不够尊重。

　　　　　　4. 避免重复
　　　　　政务信息的标题，与正文一样，
　　都追求简洁，行文风格明显区别于文件、讲话稿。

例文（30）

　　庆丰市审计局今年将针对建设项目、公共资金、经济责任等重点审计领域，加强审计监督，推进审计整改，提升审计工作效能。

　　几个"审计"排比，节奏感强，铺陈繁复，
　　　　适合做"副歌"部分反复咏唱。
　　这是典型的动员报告的行文风格和语气，
　　　　自带立体声剧场效果、杜比降噪，
　　　　　　显得铿锵有力，增强感召力。
　　而在政务信息中，如果不是迫不得已，
　　　无论是标题还是正文，都应减少重复。

给两块竹板，可以唱山东快书。

多读几遍可能招来广场舞大妈。

例文（30）修改稿

　　庆丰市审计局今年将针对建设项目、公共资金、经济责任等重点领域，加强审计监督，推进整改，提升效能。

　　　　　　5. 逻辑清晰
　　　　比较长的标题，必须注重逻辑关系。
　　原因与结果，措施与成效，手段与目的，
　　并以此确定语序，拟制逻辑清晰的信息标题。
　　这个问题可参阅招商引资例文3的修改分析。

6. 简洁明了

老万觉得，对于信息这种文体来说，

标题平实一点比较好，让读者一眼看明白；

如果要读两三遍才明白，那就不是好的标题。

老万平时有个不一定准确的感觉，

越是内容惨淡，越注重在标题上绘画绣花；

越是基层单位提供的信息，标题越不够平实。

老万建议，初学者不必在拟制标题上多花时间，

更不要刻意追求对仗工整、琅琅上口。

应更倾向于形式服从服务于内容，内容为王！

意思写清楚了，哪怕文字"笨拙"一些也不要紧。

7. 题目是内容的一部分

在大多数文字材料中，标题是内容的概括和提炼。

但在追求精短的文体中，标题有时是内容的一部分，

即标题中提到的情况和数据，正文可以不再出现。

相信这个比较容易理解，不用举例子。

🔊　内容为王 ▸　　　　😀 ⊕

第十三章
选材困惑是伪命题

经常有市县、厅局的信息员打电话问老万，

"最近应该报哪方面信息？"

"你们关注的重点是什么？"

老万心想，

只要稍微在工作上用心思，

这些都不是问题。

> 这样低级的问题也问得出口？

虽然老万并不认同这些信息员的懒惰和不用心，

尽管心里一万个不愿意、不耐烦，

但是，以老万的优良职业精神，

每次还是很耐心地告诉他们当下的重点题材，

列举他们单位或地区近期热点题材，

> 常常比他们更了解他们单位情况。

最后，老万会鱼渔同授，

还要谈一点方法论层面的工作要领。

🔊　鱼渔同授 ▸　　　　 ⊕

老万认为，

各个时期都要围绕中心工作，

报送领导关注的重点工作情况的信息，

这是笼统的、总的选材原则。

具体又可以分为几个维度，

分别去拓展思考。

题材选择的四个维度

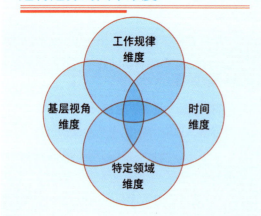

下面，老万逐一解释这些维度的选材方法。

中心工作

第一个是工作规律维度。

工作规律维度的选材

- 花了大量时间精力做的工作
- 本单位的某方面工作名列全市或全国前茅
- 既有的特点亮点工作重新呈现报送价值
- 老大难问题有了化解思路或初露端倪
- 某项工作与特定领导存在高度相关性
- 一段时间没有刊登过的题材相对有报送价值

第一种，时间成本规律。

回顾下本地区或单位最近一年半载，

哪项工作花时间精力比较多，劳师动众干挺欢。

如果干得好，当然可以总结典型经验；

如果干砸了、出事了，甚至引发大规模上访，

那就应该总结教训、分析原因；

有的可能存在客观条件制约，如果需要上级帮助，

可以向上级提出建议或请求帮助。

如果干得一般，信息员自己看着办吧。

第二种，优势工作规律。

亮点

新人不了解情况，可以到单位荣誉室看看，历年得了什么奖杯、奖状、锦旗。

只要交钱就发奖的不算。

本单位某方面工作在全省甚至全国名列前茅，
并不是只写一两篇就够的，
在这项工作发生量变质变时，可以再次写。
这个名列前茅有的是在群众中的口碑，
有的是可以量化、经过评比胜出的，
当然，这个评比应该是以业绩为基础的权威评比。

第三种，朝花夕拾规律。
既有的某一方面亮点工作，或者重大工程，
一般都有持续报送信息的价值。
把握好时机可以重新呈现它的报送价值。
一定要抱紧可以经常写的题材摇钱树。

这类信息要善于抓住报送的契机，
比如，正好上级领导特别关注这方面工作，
比如，全省甚至全国正在开大会推动这项工作，
把握这个时机报送，录用率会比较高。

第四种，创新突破规律。

朝花夕拾

老大难问题有了化解思路或初露端倪，
哪怕是在很小的范围、很小的程度上，
有所创新或突破，也是难能可贵的。
政府工作中有两个领域会有较多这类题材：
一是行政审批改革领域，二是社会管理领域。
这两方面的问题，都不是一朝一夕形成的，
冰冻三尺非一日之寒，
改变现状也不是一朝一夕的事，
如果要等到发生很大的变化才报送信息，
那就很难找到这样的显著变化，
必须善于发现缓慢的、初露端倪的萌芽，
发现不太起眼的但确实是有变化的情况。

第五种，领导因素规律。
某项工作与特定领导可能存在高度相关性。
某市县或厅局换了主要领导后，
相关工作有了很大起色。
怎么看待这个问题？历史是人民群众创造的，
但是人民群众群龙无首的话，还可能内讧。

萌芽

我们总结这些经验的出发点，

是为了客观、全面有深度地反映工作，

揭示规律，以指导推动面上工作，

而不是突出领导个人，不是为个人树碑立传；

但它实际起到效果是，对领导人有很大影响。

所在单位的信息员不但有责任反映出来，

而且是信息员千载难逢、可以脱颖而出的绝佳机会。

这个不需要解释吧。

第六种，题材均衡规律。

同类题材保持适当的报送间隔也很重要，

被冷落的题材更有价值。

隔了较长时间没刊登过的信息，

自然就比较有刊登价值。

站在副省长、副市长、副县长的角度考虑，

他们都比较注重自己分管领域的信息刊登的频次。

作为办刊原则，需要注意各领域信息的相对均衡，

如果不是某项工作需要掀起阶段性高潮，

一般需要避免连续刊登同一领域题材的信息。

所以，在报送信息的选题上不能人云亦云，

独辟蹊径、弯道超车更有胜算。

第二个维度是时间维度，

可以分为近期重点、中期重点、永恒重点。

抓近期重点，主要是保持敏锐性，

比较简便且易于操作的办法是两个：

一是抓住约稿的机会。

上级机关的简报编辑主动向你约稿，

说明这个题材很重要，你只要认真照做就是。

二是围绕会议寻找题材。

以老万与上级机关信息处的工作接触看，

但凡他们向各省市信息员提出某题材约稿，

在随后一段时间，在广播和电视新闻里，

可能会看到领导开会部署推动该方面工作。

由此，老万猜测，上级机关的约稿，

是紧紧围绕领导的重要会议来展开的。

这一细小环节也说明，

高层在行政决策中，非常重视基层意见。

老万在编辑岗位的这些年，
对省直机关各厅局和市县也是这个办法。

> 照葫芦画瓢呗。

抓中期重点，关键要经常"对表"。
政府的大多数工作部署，都以一年为跨度，
老万所在省政府，每年都会列若干项重点工作，
办公厅将其分解成若干子项目、孙子项目，
并分别明确责任单位、每月每季进展到什么程度，
项目化、可量化、可检查，
各市县也基本是参照这个做法。
老万请各单位信息员经常对照进度表，
从中寻找每个阶段报送信息的重点题材。

抓永恒重点，必须三观比较正，
政府各个时期的中心工作各有侧重，
但不管你怎么变，万变不离其宗，
无非是经济持续健康发展，环境越来越好，
为了老百姓安居乐业、脱贫奔小康、中国梦。
无论是工作效果好还是问题突出，都值得报，

对表 ▸

一句话，内容为王!
作为经过了高考、公务员考试的信息员，
对于永恒重点应该不难判断。

> 价值观基本正确就能做到。

各单位的外部大环境一样，
大家服务和管理着的，
都是同样的群众，
具有儒家思想浸润的、勤劳勇敢的中华民族群众，
大家都是走新时代中国特色社会主义道路，
在同一个总书记、总理的指引下干工作，
按照同一个省委、省政府的部署抓工作，
一个师傅教出来，
差别怎么这么大?
别的地区和单位做不到或做得不怎么好，
而你所在地区和单位做得好或比较好，
这里面肯定有值得总结的做法和经验，
需要信息员深入思考、认真挖掘。
能不能深入挖掘并且写得比较好，是水平问题，
能否意识到要去挖掘，
是认识问题和态度问题。

儒家 ▸

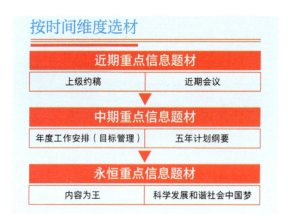

按时间维度选材

近期重点信息题材	
上级约稿	近期会议

中期重点信息题材	
年度工作安排（目标管理）	五年计划纲要

永恒重点信息题材	
内容为王	科学发展和谐社会中国梦

　　第三个是特定领域维度。
　　比如，驻外办事处的信息工作维度。
　　大家知道，曾经的驻外办事处，
　　主要任务是迎来送往、吃吃喝喝，
　　而现在，据说都加强了信息工作考核权重，
　　普遍感到，现在这工作不好干啊！
　　不要紧，老万这不是给你出主意来了嘛。
　　分析该题材之前，老万啰嗦几句语言流畅问题，
　　驻外办的信息中，
　　很大一部分是当地的文件，

目标管理

不能简单压缩文件或抽取一二级标题，
　　而是要重新组织一下语言。怎么组织？
　　要把高度浓缩、概括的、拗口的文件文字，
　　转化为详略得当、轻松流畅的信息文字。
既介绍政策，又解读政策，类似于微信"干货"。

　　文字流畅是基本要求，对驻外办来说，
　　老万的体会是，写什么比怎么写更要紧！
　　驻外办的信息主要是给领导提供线索，
　　领导如果觉得重要，他可以找原文仔细看。
　　驻外办信息题材大概是四个方面：

驻外省市办事处的信息选材

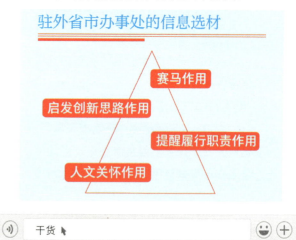

干货

赛马作用。就是把领导看成一匹马，

从这个角度考虑领导需要什么信息。

我们应该非常了解我们所服务的领导，

他们奋发有为，都有比学赶帮超的劲头。

站在这个角度，自然知道他们想要什么信息：

比如，中央统一部署、各地都在落实的规定动作；

比如，本地与外省市处在有形或无形竞争的领域，

因为具有相关性、可比性，不比也不行！

房地产问题，北上广深自然在同一视角。

有自贸区的省市，不互相较劲可能吗？

启发创新思路的作用。

更多情况下，是赛马和启发思路的作用兼而有之。

比如，小汽车牌照管理，北京摇号，上海拍卖，

广州的政策出台比较晚，它参考北京上海做法，

一半摇号一半拍卖，公平和效率兼顾。

履行工作职责和体现人文关怀作用。

凡本地与外省市具有人缘、地缘关系，

> 不光体现在工作上。

或有着密切经济社会关系的领域，

比如，对口支援地区的项目进展情况信息，

双方领导职责所系，都会高度关注。

再比如，西藏或新疆发生地震，

那换个说法，

境外地震、新疆西藏有明显震感，

本地有对口支援的同志在那边工作生活，

领导关心他们安危冷暖，

领导还需要及时了解相关信息，

以便根据前方情况，

确定启动相应的应急响应预案，

紧急派遣医疗队或调拨救灾物资。

> 呸呸！呸呸！别诅咒同胞啊。

第四个是基层视角的维度。

如果你认真读过本书第五章、第八章、第九章，

这个维度的信息选材已不成问题。

关于信息题材，

最后，老万给你来点实惠的。

地缘

预案

现在各领域都讲究融合、跨界，在可能的情况下，
作者和编辑相向而行，
都替对方着想，都向对方延伸服务。
按老万当编辑的工作规律，
每天傍晚最忙，
编好的简报送领导审核，
就等发送了好下班。
请注意！不是只编一种简报，而是好几种，
有的是固定页数的，也有可长可短的，
如果是其中固定页数的简报中一篇稿子不能用，
必须另外找一篇填补上去，不能开天窗。
临时换稿子，时间紧迫，怎么办？

有的稿子可能内容并不突出，
但外观看上去像那么回事，行！就它了。
哪个单位报送的信息符合这个要求，
被临时顶上去采用的可能性就更大。
建议信息员在处理内容比较薄弱的稿子时，
框架格式要像样子，万一稿子不够呢。

开天窗

第十四章
你不应该一个人战斗

据老万了解，在省政府办公厅这一级机关，
专职做信息工作的一般不止一个人，
而在市县、厅局层面，
人手就紧张得多，都是多面手，
乡镇更是如此，不会有专职的信息员，
好不容易配1个人，必须里里外外一把手，
什么材料都要写，把劳动力用足。
在此，老万告诉你，
你不应该一个人战斗！
你应该向领导提要求，就说老万说的，
让领导帮你建立信息工作的保障体系。
所谓保障体系，
就是责任要大家一起分担，
一个人是绝对做不了、也做不好信息工作的。

保障体系

基层信息员的工作处境

领导很重视
也有配套保障措施

领导不重视
没有配套保障措施

领导很重视
没有配套保障措施

区府办信息工作责任体系示意图

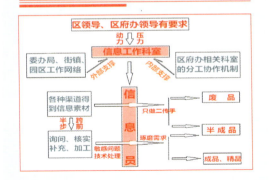

技术处理 ▸

这张责任体系图，是为区县政府办公室设计的，
这个体系的核心是信息工作科室，名称有多种：
信息科、综合科、秘书科、情况科，等等。
内部协作指的是区政府办公室内部各部门合作，
区府办通常与研究室、法制办、接待办、外办合署，
这些办的一把手由区府办主任或副主任兼任，
所以，内部协作的关键是区府办主任重视信息工作，
要让这些部门（实际只是个科室）给信息工作有力支持，
支持的最起码表现就是各类资料和信息共享。

外部是指区政府各委办局、街道乡镇、开发区，
外部支持的关键是要建立一个工作网络，
每个单位都应该指定人员担任专兼职信息员，
定期或不定期给区府办报送信息。
怎么调动各单位积极性，形成有效激励约束机制？
发稿费有难度，列入绩效考核也有难度。
老万出的主意是：在简报上给各单位排名，
各单位每个月或季度、年度，被采用了多少条信息，
有多少条信息被市、省、中央领导批示，

批示 ▸

批示的层级越高，加分越多。

如果这么做还不能调动积极性，

那么说明这个单位的主要领导实在太不重视了，

那他不应该对信息科有太多的业绩要求。

> 不给马儿吃草就不能要求马儿跑得快。

信息科可能有两三个或五六个工作人员，

但老万知道，并不是每个人都做信息工作，

有的要跟随副区长做文字服务，有的要写大材料。

大多数区县相对固定一个人做信息工作，

其他人也顺带兼顾，忙了就顾不上。

这种情况下，老万曾经给有关单位提建议：

让那些跟随副区长的，也承担提供信息的责任。

理由是，他们每天跟着领导屁股后头开会，

像领导一样听部门汇报工作，参加研究讨论，

虽然没机会当场发表意见，但情况比较熟悉，

大多数情况下，文秘的手头也像领导一样，

> 文秘人员只是听，在台前并不出声。

有一份部门提供的书面汇报材料，

具有这些有利条件，难道不应该提供信息吗？

文字服务

责任体系的关键环节

三种模式既是老万作为编辑认识的递进，
也可看成推荐选用的方式，只要管用就行。

有一两个责任心强的信息员就已足够

区领导秘书共同分担责任并分解任务

共同分担基础上的骨干作用

有的区县接受老万这一建议，

实践了一段时间，发现一个新问题，

那些被要求每周提供一两条信息的跟班秘书，

有的抱着小和尚念经有口无心的心态，

从汇报材料中随便剪贴一点，胡乱扔过来，

里面的内容，他自己也不求甚解，

老万打电话问区信息员一些细节问题，

信息员说是某跟班秘书提供的，

电话打到跟班秘书，他说他也不清楚。

跟班

这就造成了大家负责、大家都不负责的局面。

而相反，有的区虽然只有 1 名相对固定的信息员，
但这位同志非常认真、非常钻研，
提供的信息质量很高、采用率也很高。
而且，还有个规律，但凡负责任的信息员，
通常总是干不长，会被抽调到更重要的岗位，
所以，老万常年充当了培训新人的任务。

信息员的"一问、二对、三琢磨"

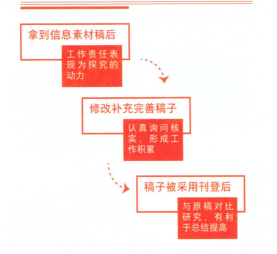

拿到信息素材稿后
工作责任表现为探究的动力

修改补充完善稿子
认真询问核实，形成工作积累

稿子被采用刊登后
与原稿对比研究，有利于总结提高

不管采用哪种责任分担模式，
归根到底，还是要看责任落实没有。

作为信息员，请对照上图的 3 个手势，
检查自己的工作到位没有：
第 1 个手势：每次拿到信息稿，
有责任心的话，自己认真读一遍，
读懂没？必须是真懂而不是装懂哦。
自己不懂的，千万不要轻易上报。
稍微有点求知欲好不好？
第 2 个手势：马上拿起电话询问来稿单位，
要求把不清楚的地方补充完善到位。
第 3 个手势：稿件被上级采用了，
要对比原来的上报稿，
看看上级机关的编辑改了哪些地方？
思考一下为什么要这样改。
应当承认，通常情况下，
文字工作水平与作者所处的层级成正比。
他们所处的位置决定了眼界。

128K/s 5G 98% 上午08:08

由于咱们的政府管得很多，
由于咱们所处的时代新生事物层出不穷，
即便机关的所谓老法师，
也经常遇到新问题，
作为一个参加工作时间不长的同志，
一定要有旺盛的求知欲，不懂就问，
如果不问，这个问题将永远是你的死穴。
相反，如果保持一年半载的求知欲，
你会发现，机关工作也就这点套路！
而且一点就透，并不复杂。
在此，老万要灌点鸡汤：
有没有求知欲，
不单单是能不能做好信息工作的问题，
而是一个公务员能不能快速成长的问题。

求知欲

128K/s 5G 98% 上午08:08

校园招聘

学生： 请问政策研究室是干什么的？那么多政策都是你们研究起草的吗？

HR： 我们一般不起草具体政策。

学生： 那你们做什么？

HR： 我们给所有的政策指方向、定调子、出思路、提建议，我们研究的是制定政策的总政策。

学生： 那平时主要做什么？

HR： 写材料。

谢谢啊！我到其他摊位转转再过来。

写材料

第十五章
做一套试卷检验学习效果

关于信息写作，老万的墨水基本上就这些，
在转入下阶段学习之前，请做套试题，
并与阅读本书第一章的测试结果对比一下，
看自己有没进步。
看了老万所写的十四个章节内容，
要想没有进步，那是很难的。
这是老万在 2017 年教师节来临之际，
应某省厅人事处之约，给新进公务员出的考题。

> 没进步也不退款了，本书不是七天包退产品。

领受任务的时候，老万问：是不是应届生?
人事处答：不是。已有两年基层工作经历。

> 哦，问得多余! 早有规定，凡进省直机关必须有两年基层工作经历。

老万一直对自己有个约定，那就是，
坚决不做遭人怨恨的、尽出偏题怪题的老师!

基层工作经历 ▸

可是，到了批阅卷子判分的时候才觉察到，
这套试卷对于只有两年工龄的人来说，偏难!
为了阅读轻松，已将关键内容加粗加黑加彩色。

> 考生可没这待遇啊。

根据以下资料，回答第 1 题、第 2 题

例文（31）

与"有桩"的公共自行车相比，这种随时取用和停车的"无桩"理念给市民带来了极大便利的同时，也导致"乱占道"现象，需要出台相应的管理规定。

郑州

4月20日，郑州市公共交通总公司联合研发的共享单车管理平台"单车之家"正式推出，利用可伸缩信号覆盖技术等科技手段，为共享单车开辟专用的停车场所，即"电子围栏"。"单车之家"支持手机扫码和公交IC卡存取车双模式，可完成单车和公交、地铁等公共交通的联乘，极大方便市民出行。同时，"单车之家"也支持各品牌共享单车兼容共存，平台可以对接入系统的单车进行集中管理，根据公交客流数据统一调配单车投放，提高单车利用率。

管理平台 ▸

北京

4月21日，《北京市鼓励规范发展共享自行车的指导意见（试行）》公开征求意见。明确承租人须年满12周岁，企业建立健全承租人使用车辆信用积分制度。涉及恶意破坏、盗窃等违法行为信息由公安部门纳入个人征信系统。企业须在北京开立资金专用账户防控承租人资金风险；公示押金退还时限；企业需负责提供自行车租赁服务和管理，做好现场停放秩序管理和车辆运营调度，定期检测、及时退出不符合质量标准的车辆。

杭州

4月26日，《杭州市促进互联网租赁自行车规范发展的指导意见（试行）》的征求意见稿，提出了"政府管理平台、平台管理车辆"的分级管理模式，"不实行总量控制、发挥市场资源配置作用，由市场调节运力（投放）"，但政府部门会引导投放总量。平台必须按"每80辆车配一名运维人员"，出现乱停放后，要求平台在十分钟内响应，派出工作人员赴现场处理。车身不得有广告；投放的车辆至多使用三年，到期必须被强制更新。

总量控制

2017年5月7日，在上海召开共享单车专业委员会成立大会，宣布成立中国自行车协会共享单车专业委员会。

2017年8月3日，交通运输部等10部门联合发布了《关于鼓励和规范互联网租赁自行车发展的指导意见》。新政明确了规范停车点和推广电子围栏等，并提出共享单车平台要提升线上线下服务能力。

第1题

模拟情境：

市交通委向市政府汇报加强本市共享单车管理建议方案的材料中，涉及学习借鉴兄弟城市做法的相关内容，请将上述材料中郑州、北京、杭州3个自然段改写为1个自然段，把3个城市最主要的措施列出来。篇幅200字左右。

学习借鉴

例文（32）

参考答案

有关城市近期出台了相关政策措施。**郑州市**推出各品牌单车管理平台"单车之家"，可开辟"电子围栏"，并根据公交客流数据统一调配单车投放。**北京市**明确承租人须年满12周岁，企业建立承租人信用积分制度，纳入个人征信系统；要求企业在北京开立资金专用账户。**杭州市**提出"不实行总量控制、发挥市场资源配置作用，由市场调节运力（投放）"，但政府会引导投放总量。平台必须按"每80辆车配一名运维人员"，出现乱停放十分钟内响应。车身不得有广告，车辆三年强制更新。

答题要点分析：

**一是考查对素材的归纳能力，
即善于对众多琐碎内容区分轻重主次。**

🔊 归纳 ↖

北京措施中的 3 条干货比较清晰：
满 12 周岁。征信系统。资金专用账户。

杭州措施需要排除干扰项：
"政府管理平台、平台管理车辆"的分级管理模式。
看上去重要，归纳得也整齐，
其实像墨镜、花臂、脏辫，
都不是重点，说了等于没说。
因为没有哪个城市由政府直接管理车辆，
肯定没有！

还有个干扰项在郑州资料中：
"单车之家"支持手机扫码和公交 IC 卡存取车双模式，
可完成单车和公交、地铁等公共交通的联乘，
极大方便市民出行。

这属于锦上添花，
不是亟待加强管理的内容，
篇幅受限，不写。

🔊 干扰项 ↖

二是考查对素材加工的度的把握能力，
防止吃力不讨好，过度加工损失有效信息。

万老师希望像参考答案那样的格式：
郑州如何，北京如何，杭州如何。
即压缩后仍按 3 个城市各自的措施归纳为三句话，
让读者（领导）知道哪条措施是哪个城市的。
如果过滤掉 3 个城市的名称，
不客气！扣 3 分。

第2题

从以上材料看出，各地城市的管理意见相继出台后，交通运输部、全国行业协会也有了相应的动作。请从城市地方政府、国家部委、行业协会的职责分工角度，谈谈有关三方应该在共享自行车规范管理中分别发挥什么作用？篇幅200字左右。

🔊 过度加工 ▶

 例文（33）

参考答案

城市地方政府的职责：密切监测评估本市共享单车发展状况，及时发现问题并出台政策措施；督促企业履行主体责任，并鼓励运用创新技术手段加强管理；引导和规范非机动车交通行为。**国家部委**的职责：行业管理、指导监督，及时总结各地经验教训，修订政策法规，不断适应现实需求。**行业协会**的职责：行业自律、自治作用；与企业、政府形成共治合力，组织参与制订行业标准。

答题要点分析：

老万在这道题挖了个大坑！
如果先答国家部委的职责，果断先倒扣 3 分。

🔊 职责 ▶

为什么？没有工作经历的应届生小白，

一般会觉得国家部委比市政府官大级别高，

谁大谁写前面，你也太官本位了吧！

但是，在共享单车管理中，

城市地方政府处在第一线，

是绝对的主角，

舍我其谁的男一号，必须找浓眉大眼的一线男演员。

请从**城市地方政府、国家部委、行业协会**的职责分工角度，谈谈有关三方应该在共享自行车规范管理中分别发挥什么作用？

细心的考生应该注意到提问顺序，

按提问顺序答题不就结了嘛，不要自作聪明。

如果答案出现**属地管理**4个字，

老万毫不犹豫额外加4分！

老万也不知道现在大学里哪门课有这4个字，

碰上了算你当年专业选得好。

即便大学课本里没有，工作两年也应该知道。

例文（34）

根据以下资料，回答第3题、第4题

自20世纪90年代起，单车在中国的使用呈稳定下滑趋势。事实上，多数中国城市居民想要的是汽车，这也加剧了一线城市的街道拥堵和空气污染。然而，最近的单车共享风潮使得单车在中国又火起来了。

半年前，路上的共享单车很少，接受率亦不太乐观。但发展得如此迅速，被外国青年评选为中国新四大发明之一。我从未见过基于硬件的服务这么快就被市场接受。中国单车共享模式获得如此重大、快速成功的原因是什么？

除非手机上装了微信支付或支付宝应用，多数外国游客在中国无法使用单车共享系统，而某些应用要有中国身份证号才能用。这对外国人来说当然不容易。如果你是外国人，想试下共享单车，找个中国朋友帮你开下，反正一次才一元，小事一桩。

第3题

简要回答如何解决外国人（境外人士）因为没有中国身份证而无法在中国大陆使用共享单车的问题。

答题要点分析：

回答这件事怎么做并不难，
比如，将护照也纳入注册共享单车的证件。
再比如，增加人脸识别系统等。

注册

只要不太离谱，都给分。

考生会不会想到这件事该由谁做？
这是考点！是用来增加考生区分度的。
当然，没涉及也不扣分，
因为提问中没有明确要求。
如果回答政府或行业协会**指导**或**引导**企业去做，
说明知道政府做事是有边界的，
老万会放手加分！

在社会上只混了两年工作经历，
渺小的他们依然看不见政府的犄角旮旯，
但作为出题者的老万，不得不给你挖坑，
否则，大家都考90分，没法选拔啊？

第4题

简要分析共享单车在我国迅速发展的主要原因。答题不必局限于本试卷所给的资料。

引导

答题要点分析：

这道题考的是综合分析能力，
既需要对热点问题有冷静观察，
也需要发散思维。

首先从供求关系角度分析。
这是老万认为最根本的原因。
答案应当出现类似的关键字句：
有现实需求，潜在用户数量大，
解决日常出行最后一公里问题，
使用方便，兼具健身功能，等等。

其次是两个重要性差不多的原因，
先写哪个都行：
技术的支撑，资本的助推。
技术角度：
互联网、移动支付普及，
为共享单车普及提供了条件。

金融角度：
资本的热情，
说明对市场有良好预期，
也使得企业有底气不断推出优惠活动吸引顾客。
同时，资本的过度拼搏，
也是怕前功尽弃。

第三，从社会文化心理角度分析。
关键字句：中国原是自行车王国，有群众基础。
被改革开放激发出无限活力的人们，
无论哪个领域都热衷追逐热点，
当然，也有从众心理，
等等，都可以写。

老万划重点

公务员考试，不管题型、内容如何，归根结底是考查对政府和社会的了解程度！要把所学的马哲、法学、行政管理学、社会学、经济管理等学问，与政府工作规律有机嫁接。

発散思维

群众基础

投资者： 我想投资汽车充电桩项目，不知道找谁咨询？

发改委： 凡涉及固定资产投资的都归发改委管。

投资者： 今后充电的收费标准找哪个部门核定？

发改委： 发改委内设物价局。

投资者： 我的方案是充电桩与加油站配套建设，涉及加油站项目不知道归哪个部门管？

发改委： 发改委里面有个能源办。

投资者：

请问，有没有不归发改委管的事情？

发改委

程序篇

如果说第一部分主要供初学者阅读，

那么，这部分内容是写给办公室主任看的。

不仅初任的办公室主任，

也包括抬头纹很深的老主任！

而且还应该推荐给你所服务的领导看，

你看了书，知其然又知所以然，

工作的路子调整过来了，

但领导没过来，

你把领导甩后面，

出了问题算谁的？

> 老万可不负这个责任。

老万在负责处理信息简报这些年，

遇到不少马大哈主任，

还包括不讲规范的领导，

他们对机关各种文稿的性质和功能，

都一知半解，

或者说从没认真想过这个问题，

因此，经常将简报、专报、公文搞混，

经常用简报、专报向上级请示工作。

这种随意性在前些年也许没什么，

但是，在加强法治建设、加强审计的背景下，

领导干部都知道工作程序的利害关系，

程序正确通常比实体正确还要紧。

老万以行政学、机关伦理和人情实践为基础，

参与制定了这套简便实用的工作规范，

在省政府办公厅运行多年，

非常管用！也没什么争议。

路子

伦理

第十六章
专报不能夹带请示事项

怎么冒出来专报的概念?
这不是专门讲信息写作的书吗?

对的,专报也是信息载体之一种,
专报上的那些内容,也属于信息。
信息、简报、专报。
这 3 个概念是什么关系? 高度精炼地说:
信息是简报的内容,简报是信息的载体,
专报是简报的一种。
简报是机关和企事业单位的信息载体。
信息可以是上面 3 个概念的统称,
也指简报上的一句话、一段文字、一篇文章,
它还可以不需要简报这个载体,
用手机短信、微信发送的电子文字也算。

专报是简报的一种特殊情况,
如果一份简报只刊登了一篇信息,
而且这篇信息专门只写一项工作,
那它就可以被称为专报。

这一点,初学者不知道并不需要难为情,
很多办公室老法师也不知道。为什么这么说?
在老万负责处理信息简报的这些年,
由于有的部门把请示事项"夹带"在专报里,
省政府主要领导以批示的方式批评了老万:
"这样报材料符合规范吗? 请办公厅加强把关!"

处级干部还够不上被省领导当面批评。

确切说,这是在批评办公厅领导,
但是,信息简报处理是由老万具体负责的,
并不需要厅领导经手,也不需要他签字,
所以,老万应该主动承担责任。

被批评的那篇专报也许是这样的内容:

例文（35）

　　为了落实精准扶贫工程，确保我县困难群众早日脱贫奔小康，我局认为，下阶段我县要加紧贯彻落实十九大新精神、新要求、新任务，把扶贫工作摆到更加突出的位置，进一步加大扶贫攻坚的工作力度。为此提出三方面建议：**一是建议成立县扶贫攻坚专项工作领导小组。**拟由县农业局、民政局、财政局、发改委、人社局、交通局等部门组成，领导小组办公室设在农业局，各部门抽调人员集中办公。**二是建议辟出专门场所，供领导小组办公室办公。**经我局初步物色，认为县畜牧站的闲置牛棚可作为过渡的场所，待县政府新办公楼落成后，给领导小组留出专门场所。**三是建议县财政每年给予1000万元专项补贴。**

　　上周省农业厅要求各市县报送扶贫工作进展情况，以上建议如无不妥，我局月底将以上内容一并报送省厅。

本文的"建议"都是重要的实体性内容，

比如人、财、物。初步判断，

超出了本单位的职权范围，需要上级决策，

这是典型的需要办理"请示"公文的事项，

怎么能用专报这个信息载体呢？

　　在解释什么是专报之前，

先要说一下机关文字材料的处理规范，

这就要提到写材料的人都必须重视的一部条例，

《党政机关公文处理工作条例》

网上搜一搜，把这部条例重温一下：

属于《条例》规范的15种公文

中办、国办印发《党政机关公文处理工作条例》（中办发〔2012〕14号）公文分为15种：

请示、报告、意见、函、通知、纪要、议案、命令、决定、公告、通告、通报、批复、决议、公报。

注意：没有专报、更没有简报！

15 种公文中，没有**专报**，更没有**简报**！

机关的各种文字材料中，
需要上升到由一部条例来规范它的程序的，
只有 15 种，除此之外的，没有统一要求，
至少是在国家层面没有统一要求，
各地、各系统因地制宜制定自己的规范，
它的法律层级应该都够不上条例。

按照是否具有效力这个标准来衡量，
机关的各种文字材料可以分为两大类：

机关文字材料按效力区分两大类

非效力文字体系		效力文字体系	
信息简报新闻报道	讲话稿	公文	法律文书
新闻报道没有效力但有后果		行政主体	行政主体或民事主体

效力

写到这里，不得不承认，这本书所分析的，
全是没有效力的文字材料！
所谓的效力，主要是指外部效力，
信息简报对行政相对人没有约束力。
而对机关内部、体制内单位而言，
有时具有布置工作的效力。
所有的信息简报，
都属于领导的参考资料，
既然只是参考，那么，领导可看可不看。
如果你写了请示事项，让领导拿主意，
这就意味着你逼着领导必须看，这当然不行！

可是，有的单位偶尔在专报中夹带请示事项，
让人防不胜防！这是为什么？
不是有那么多道培训制度做防火墙吗？

哪里规矩多，哪里就有埋汰事！
老万多次与报送信息简报的单位沟通，
讨论怎么防止这类程序性的瑕疵，

参考

如何判断一项工作应该用请示还是专报，
久而久之，归纳了"三板斧"判断法：

从三方面区分专报和请示

内容判断法

涉及人财物等重要内容的，一般用请示

程序判断法

简报一般不反馈；请示必须反馈（批复）

关键字判断法

"当否，请示" "以上情况请予审阅"

第一板斧：内容判断法。

一般涉及人、财、物等重要实体性内容的，
大部分应该用请示。具体细分：
（1）属于本机构职权范围、知会上级机构的，
重要的事最好用**报告**，一般的勉强用**专报**。

（2）不属于本机构职权范围、请上级机构决策的，
必须用**请示**，不能用**专报**。

传说中有一种很庄严而且神圣的东西，
名字叫做"三定"方案，
大部分党政机关都有，有的企事业单位也有，
它是规定一个单位可以行使什么职权的文本。
判断某一事项属不属于本机构职权，
必须以三定方案为依据，三定方案是宪法；
可是，三定方案写得太原则怎么办？
近几年出现更时髦的"权力清单" "责任清单"，
既有正面清单，也有负面清单，
不但规定可以做什么，也规定不可以做什么。
真心希望比三定方案更权威、更有操作性！

第二板斧：程序判断法。

怎么判断专报里有没有请示事项？
有两种判断方式：

 当否

 清单

一是从程序上判断：

凡请示，上级单位必须回复（批复），

同意不同意都得回复（批复），

而专报是有去无回的。

二是从实体上判断：

这不是肉包子吗？

请报文单位在行文之前问下自己：

如果上级领导不回复，

这件事我干还是不干？

如果领导不发话就不能干、不敢干的，

那肯定不能用专报，

只能用请示。

第三板斧：关键字句判断法。

在专报等信息简报材料中，

不能出现的字句包括但不限于：

（1）当否，请示。（2）盼复。（3）望批复。

（4）以上情况请予以审阅。

（5）以上建议如领导同意，我局将（有下一步动作）。

批复

专报与请示结尾语的区分

请示的结尾语

（1）以上当否，请批示。
（2）以上请示，请批复。
（3）……

报告的结尾语

（1）特此报告。
（2）以上报告，请审阅。
（3）……

专报的结尾语 （正确的）

没有结尾语！什么都不用写

专报的结尾语 （勉强正确的）

特此专报。

专报的结尾语 （错误的）

以上如无不妥，我局下月1日前将本方案上报国家部委。

结尾语

第十七章
信息简报异化的理由

规章制度天生是用来被践踏的,
信息简报既然是一种参考资料,
那为什么被用来充当行政决策的载体?
为什么会发生这种异化?
为什么经常破窗而且成为一种常态?

在此,老万要替那些犯迷糊的单位开脱,
主要是信息简报的报送程序比公文简单。
看完本书后续关于简报格式的章节后,
你会发现,简报的格式和制发程序都很灵活,
因此,老万武断认为,简报夹带请示事项,
是因为文件的繁文缛节太多,大家都想逃避。

除此之外,老万还想了几个牵强附会的理由:

繁文缛节

· 107 ·

一是最喜庆理由。

有的单位，骨骼清奇、思路明晰的小青年，
很容易被调到文秘岗位，也容易被各科室争抢，
挪位置的同时，常常被提拔一级。
文秘人员走马灯似地轮换，培训跟不上，
新人搞不清公文与信息简报的区别。
这虽然会给工作造成困扰，
但这种单位新陈代谢快，新人成长快！
这样的单位应该上墙，让广大文秘膜拜。

二是最窝囊理由。

有的领导研究业务工作不带文秘一起玩，
办公室被认为是边缘化了！
你以为人家的职业生涯惨淡得像黑白电视机?
人家也许整个办公室都是卧龙凤雏，
只不过时机未到，超长待机而已。
在这种单位，办公室的地位远不如业务科室，

> 未必不好，工资一分不少！

边缘化

也很难对办文和信息工作进行统筹把关，
任由各个业务科室破坏文秘工作规范。

三是最历史悠久理由。

在相当一部分人的口语表达中，
"打报告"是对办文和报送信息简报的笼统称呼，
包括办公室主任以及领导干部在内。
如果领导随口说"那件事情赶紧打个报告吧"，
文秘人员要对照公文条例和信息工作规范，
搞清楚到底应该怎么行文，
办一个请示文件，还是报送专报?

牛群冯巩相声片段

> 牛群：吃烤鸭? 好! 那就打个报告吧。
> 冯巩：怎么写呢?
> 牛群：为了进一步推动科普活动深入开展，为了纪念俄国著名生理学家巴普洛夫诞辰139周年（按南方口音读"139周莲"）。
> 冯巩：这理由呀!
> 牛群：我科室决定在全聚德举行隆重纪念活动，申请预算——哎，十只烤鸭多钱?
> 冯巩：几只?

打报告

不必苛责"打报告"口头语的不规范，
因为我们生活在制度不健全的年代太久太久。
老万的青少年，生活在"无政府"的社会里，

> 那时只有革命委员会。

"法治政府"提法的出现，
也才几年？
党政机关公文《条例》直到2012年才颁布！
当然可以称之为新生事物。
对于更年轻的人来说，
2012年几乎是"史前"概念。

> 2012年没有公众号！可怕吧。

四是最有苦说不出理由。

老万主观上认为，
"轻资历"的文秘人员，
根本没机会将专报与请示搞混，
因为公务员的学习和培训越来越多，
一道道不胜其烦的培训骚扰着他们：

新公务员接受培训的机会很多

- **第一道关：**公务员考试。
- **第二道关：**机关新进公务员上岗培训。
- **第三道关：**文秘业务常规培训。

老万是想说，文秘人员经常参加培训，
把请示与专报搞错的机会不多了；
而领导干部参加文秘培训机会不多，
所以说，经常搞错的其实是……
而工作人员又不能经常纠正领导，
只能顺水推舟，将错就错。
请注意！有些事注定不是文秘做的，
比如，你难道想拿着条例去教育领导，
你想给领导上课、普法、讲规范吗？
老万负责信息简报把关操作的这些年，

> 在此给复习考公务员的支一招：凡是不专门分析请示、报告、专报之间区别的，都是假冒伪劣教辅、不负责任的培训班和老师。

> 此处删减2字。

遇到多位同行提到一个要紧问题：
有的事，部门吃不准，来个专报试探领导口风，
这种情况该怎么办？
是不是可以让专报发挥这种作用？

试探口风？这词该有多么不上台面啊！

为什么要文来文去"探口风"？
领导之间难道不能面对面谈？
不能用打电话、发微信方式交换意见？

读到这里，如果你也有这样的疑问，
那么，说明你进机关时间不长。
你要求上级与下级、正职与副职无话不谈？

即便菜场里两个卖大白菜的摊贩，
他们也做不到无话不谈。

 探口风

第十八章
机关为什么需要探口风

机关生态中有一种情态比较常见，
谁碰上都可能选择绕道走，那就是尴尬！
其中暗含的行政伦理也许是，
你与我是平级单位，
为什么要迁就你？成全你？
你与我是平级单位，
为什么要我放下架子求你？
或者，我虽然比你级别高，
但你不归我管，这我得识趣，
万一你不给我面子呢？
犯不着为公家的事耗费私人的面子。

下面专门表一表机关生态中的某些关系，
折射在办文环节可能表现出来的尴尬。

 尴尬

第一种尴尬，请示被打回票。

报上去的请示公文，最好得到肯定的批复。
如果被打回票，面子很不好看。
而据老万了解的实际情况是，
现在很少发生请示被否定的情况，
这只能说明，此前已有深入充分的沟通。

第二种尴尬，口头汇报到一半被否定。

现代社会新生事物层出不穷，
政府工作也就纷繁复杂。
大部分行政决策，都不会像泥瓦匠那样，
每人捧个大碗蹲在工地商量工作，
一边吸溜面条，一边就把任务布置了。

碰到复杂的事项，口头汇报效果不咋地，
尤其是在走廊、电梯间"截住"领导，
三言两语汇报，效果可能适得其反。

口头汇报

如果领导正好另有急事或者心情不好，
还没听全，凭感觉就给否定了。
那就搞砸了，对话肯定是不能愉快进行了。
再要朝花夕拾，那可不容易呢！

所以说，复杂的事，先以专报做铺垫，
比突然袭击式的口头汇报效果更好。
领导何尝不需要一个缓冲、思考的过程。

第三种尴尬，同级部门非暴力不合作。

很多事情一个委办局不能决定，
多部门"会签文件"能否顺利，
一看内容，二看人品，三还是看人品。
运气好的话，才能躲开猪对手。
部门之间相互监督、制衡非常必要，
但这种制度设计买一送一，
附赠一个经久耐用、终身保修的产品
——非暴力不合作。

这次改革后会
有很大改观。

非暴力不合作

老万常听"牵头部门"诉苦:
有的"配合部门"像冰山,
又冷又滑,想牵头? 没处拴绳子!
有的屁股沉得像大象,推不动。

自然人的怪癖,可以用"人性"来解释;
老万给法人也安一个性格,比如,
"单位性""部门性""行政区划性",
都是神一样的存在!
同级很难愉快合作,古今中外,概莫能外。
很自然地,有的部门想到曲线救国,
如果先用专报把上级领导的意见探明,
再办理请示,心里更有底。
或者,在与同级部门商量之前,
先拿到带有上级领导批示的专报,
那就相当于有了尚方大宝剑。

上述种种,除了个别极端例子,
大多是机关常态,也是人性常态。

牵头部门

因此,专报被众望所归地、
责无旁贷地赋予了探口风功能。

看来,揣摩上级领导的意图,
是下级单位和领导的现实需求!
既要满足向上级领导探口风的现实需求,
又不能违反公文条例和简报规范。
夹缝中找出路,具体怎么做?

对于什么句式具有"请示含义",
本书第十六章有过列举式的解释。
能不能给一个结论性的判断?
老万试着给出下图这样的表述:

专报结尾的语言禁忌

专报不能使用包含假设条件、一旦条件成立就一触即发,像某种计算机语言的句式。

计算机语言

为了好记，可以把上面这句话浓缩成：

专报不能使用计算机语言！

请注意！

不是说正文不能使用条件句，

主要指"作用于"报送机关或领导的话语，

不能使用条件句。

这种语句主要在结尾，

少数情况下也包括开头的"帽子"部分。

典型的具有"请示含义"的句式是：

"如领导（或领导机关）怎么样，

我局下一步将怎么样"。

除此之外还有什么句式不能出现，

老万一时想不全，请你在公众号留言补充，

再版时老万会加进书里。

县农业局（县精准扶贫工作领导小组办公室），

向分管副县长报送关于扶贫工作前阶段进展、

下阶段工作打算的专报，可能是这样的：

◁)) 请示含义 ↖   ☺ ＋

扶贫工作专报式样之一

万山县精准扶贫工作

专报

一、前阶段工作进展

一是．．．二是．．．三是．．．

二、下一步工作打算

一是．．．二是．．．三是．．．

这是专报的正文部分，

这里基本不会有 BUG，臭虫藏在结尾。

请注意结尾一句话（见下页图片）：

"以上工作打算，如无不妥，我局将逐一抓紧落实。"

之前分析过了，这种句子不能写！

因为它"请示含义"十足，99.9%，千足金。

◁)) 结尾 ↖   ＋

扶贫工作专报式样之二

万山县精准扶贫工作

专报

二、下一步工作打算

· · · · · ·

· · · · · ·

以上工作打算，如无不妥，我局将逐一抓
紧落实。

如果这件事属于本局职责范围，
那么无需领导同意，无需探口风；
之所以写"如无不妥"，无非是客套一下；
但不合规范，这种客套不可取！

如果这件事属于跨部门的决策事项，
有时确实需要探口风，
那么，该怎么写才符合规范？

大家知道，扶贫工作，
无非人财物的投入。
农业局虽然是这项工作的牵头部门，
但并不掌握全部的人财物的配置职能。
因此，需要做很多铺垫，
需要大跨度的跨部门酝酿和协调，
需要履行一大圈评议和决策程序。
这种制度设计，首先是集思广益，
同时也是条块之间、部门之间监督制衡。

下面，仍然以扶贫新政的出台为例，
分析这项决策的一般路径，
从中看出专报到底起什么作用。

 客套

 跨部门

从酝酿到决策的一般过程

- **第一步，** 农业局酝酿提出初步意见，可以是农业局内部酝酿，也可能与领导小组其他成员单位反复会商。

- **第二步，** 分管副县长召集领导小组成员单位讨论完善方案。如果分歧较大，可能不止一次会议。讨论过程有时需要向县长或书记汇报，汇报可以是口头的，也可以书面的，这就需要不止一次报专报。

- **第三步，** 请县长听汇报、专题研究，提交县政府常务会议决策；有的需要请县委书记听汇报、定调子，县委常委会决策。

在上述的第一步骤，农业局内部研究阶段，农业局领导如果感觉自己对问题没把握，又不敢把初步想法拿给兄弟单位通气，

> 怕丢人现眼呗。

🔊 定调子 ▸ 😀 ➕

可能需要给分管副县长写份探口风的专报，那么，结尾可以这样写：

专报探口风的口径之一

以上工作打算，只是初步思路，建议请县领导近期听取我局专题汇报。

这是老万设计的专报探口风用语之一。

如果副县长是领导小组组长，理论上，大多数事项可以由他召集领导小组会议决策，这也是成立领导小组的初衷之一！

但机关似乎有着层层向上让渡权力的趋势？还是因为职能划分并不十分明确，生怕自己僭越，怕得罪上级领导？虽然副县长自认为方案已经很成熟了，但是，怕摸不准正职的想法，

🔊 僭越 ▸ ➕

副县长的难处只有自己心里最清楚。

正职的心思，百度从来查不到。

副县长授意农业局用专报向县长探口风，

或者同时报县长、书记，向两位正职探口风。

那么，农业局专报的最后一句话可以这样：

专报探口风的口径之二

> 以上工作打算，我局将根据领导意见修改完善后，按程序另行办文。

这是老万设计的专报探口风的用语之二。

这句话共分三小节，第一小节不用分析。

先看第三小节："将按程序另行办文"，

表明这份专报只起到汇报、沟通、交流作用；

并没有想成为行政决策的载体。

第二小节："我局将根据领导意见修改完善"，

可以理解为：领导可以有意见，也可以没有，

农业局并没有"逼"领导表态；

表态

领导如果有新思路、新想法，不吐不快，

领导可以批示，没人拦着；

反正不管怎样，主动权都在领导这边。

以上两个句式用于探口风的情况，

都处在规范的模糊地带，

究竟该怎么写，什么书上也查不到，

在此，老万用来试探读者你的口风，

是不是真没毛病？请你讨论、指教。

以上分析，都属于纯粹的"上行"专报，

即下级机关报送上级机关的。

其实，专报的用法可以很灵活，

同一份专报，既向上汇报，也向下布置工作，

有时还顺便知会横向相关单位。

那真是！钙、铁、锌、硒、维生素，十全大补。

写到这里，应该解释专报的功能和效力，

最好是举例子，以案说法才能生动，

选什么案例？早就想好了，

以案说法

用信访维稳工作的案例，绝配！
这类案例常常同时涉及体制的方方面面，
党委、政府、法院、国企……
特别能说明问题。

但是，写到什么尺度？我困惑！

机管局

公务员长期处在干活不涨薪、加班没补贴的工作状态，近期引发不少跳槽、辞职，像传染病似的。为此，书记、县长号召各部门按规定落实带薪休假制度，适当休息调剂身心。为确保工作不断不乱，要求机关事务管理局做个方案，每周指定几个部门分别安排少部分人员休假。

第一周，机关一切正常，全县一切正常。
第二周，机关一切正常，全县一切正常。
第三周，机关一切正常，全县一切正常。
……

几个月后，突然有一天，全县仍然一切正常，但机关有点不正常，大楼中央空调无法启动、卫生间污水外溢、食堂没有按时开饭。

书记、县长问怎么回事。秘书报告说，这周轮到机关事务管理局休假，工勤人员比平时少了六分之一。

第十九章
信息简报的功能和效力
——以电影《我不是潘金莲》为例

一般的公文写作教科书，
会在前头一两章讲功能效力，
老万觉得，在没有大量接触例文之前，
谈功能和效力比较抽象，
不容易入脑入心，
现在，是到了深入浅出的时候了。

为了形象地说明信息简报的功能和效力，
需要一个典型的案例做载体，
老万正在为找案例发愁的时候，
电影《我不是潘金莲》上线了！
感谢刘震云、冯小刚这部伟大作品，
不但给了具有一定受众基础的案例，
还给了我做解说的尺度，

尺度

它经受了史上最挑剔部门审查过关，
毫无疑问是政治正确的，
拿它说事，安全！

你没看过这部电影？没关系！
一点不影响讨论信息的功能和效力，
确切说，接下来要讨论的，
是信息中最典型的一种——专报的功能和效力。

这部电影的故事很简单：
张嘉译市长对下辖的某县长下达指令，
"劝"住上访对象"潘金莲"不要去北京上访；
冰冰饰演的"潘金莲"之所以上访，
是认为法院院长大鹏判案不公，
要到北京讨个说法，
这一点类似秋菊打官司。
故事就围绕冰冰上访与各级干部截访展开。

可能受电影表现手法的局限，

政治正确

该影片，上级向下级布置工作都是口头的，

没看到班子开会研究，没看到文件，

就连打白条也没有。

而现实与文艺作品有较大差异，

如果不是抢险救灾等火烧眉毛的事，

上级的指示、工作指令、会议的协调意见，

一般需要白纸黑字甚至红印章留下凭证，

哪怕电子版也行，

否则出了问题难以区分责任。

当然，干得出色也需要留下痕迹，

总结、考核、评先进可以浓墨重彩写一笔！

县长向法院院长大鹏施压，

要求劝住"潘金莲"不要进京上访，

大鹏反复"纠缠"冰冰，苦口婆心，

各种缓兵之计。

构成了故事的主要情节。

在分析信息的功能和效力之前，

有两组人物关系需要做点分析：

县长向县法院院长大鹏布置截访工作，

县长与院长之间是什么关系？

除了府院关系，还可以理解为，

县长以县委副书记或县政府党组书记身份，

安排大鹏这位党员领导干部去做群众疏导工作。

法院院长大鹏与上访者"潘金莲"的关系，

是法官与诉讼当事人的关系，

但是，不光只有这一层关系。

大鹏规劝"潘金莲"不要进京上访，

可以理解为党员领导干部做群众工作，

属于党群关系、干群关系。

同理，县长布置法院院长去规劝诉讼当事人，

不是干预诉讼案件，

也是间接参与落实群众工作。

搞清楚了这两组关系的性质，那么，

布置工作的书面依据应该选用什么文本呢？

🔊 打白条

🔊 干群关系

据老万了解，在有的省市，

协调化解跨系统的复杂矛盾，

常使用专报这种载体做为工作依据。

它比公文（比如，会议纪要）有优势：

专报的优势

■ **一是制发主体灵活。** 不用说，县委办公室、县政府办公室、信访办……都可以制发；哪怕是没有公章的临时机构也可以制发，因为专报一般不要求套印"红头"，也不要求盖公章。

■ **二是适用客体多元。** 适用于各种跨部门、跨党委、政府、法院、国企系统的事项。

■ **三是审签程序快捷。** 一般是协调会召集人签发，无须流转征求意见，无须会签。

协调"潘金莲"信访矛盾的会议，

如果是县长召开，

那么一般由县府办起草、县长签发专报。

这份专报的内容大致是两方面：

一方面描述前阶段工作，分析存在问题。

另一方面布置下阶段工作，给各部门派任务：

一是要求大鹏继续做好"潘金莲"的劝解工作；

二是信访办做好"潘金莲"去北京的截访工作；

三是找个能与"潘金莲"说上话的人，再劝劝。

 例文（36）

　　基本情况，存在问题（略）

　　会议研究形成了下一步工作措施：**一是大鹏同志继续做好信访对象潘某的劝解工作**。鉴于大鹏同志原来是潘某诉讼案件的主审法官，对其情况、性格比较熟悉，也是能够继续对话、开展疏导的合适人选，请大鹏同志与潘某保持接触，掌握动态，发现进京上访苗头及时制止。**二是县信访办做好潘某的截访工作**。在其家庭安排人员开展疏导工作，并与火车站、高速道口保持沟通衔接，一旦发现潘某欲进京上访，及时有效劝阻。**三是在潘某的亲戚朋友中物色合适的劝解人**。考虑到当事人精神上表现出某种程度的偏激、钻牛角尖倾向，一般的思想教育工作难以奏效，应继续在其亲友、街坊邻居中寻找能够说上话的人，共同做好耐心细致的引导工作，打开其心结，防止其走极端。

从这些内容看，这篇专报的功能是多方面的：

专报的功能

- **向上的汇报功能**，报送市长张嘉译，可能还包括分管副市长，汇报该事项的进展情况。同时兼顾试探下一步工作方向的口风。
- **横向的交流功能**，抄送市中级法院和县法院，让大鹏的上级和同级知道，他这段时间跟在"潘金莲"屁股后面，跟屁虫似的，不是"轧姘头"，而是领导交办的正经工作。
- **向下的部署功能**，发给县里的相关单位，具有内部决策和布置工作的效力。

领导交办

请注意！专报一般没有外部效力。
它不是公文，不是判决书，不是交警贴罚单；
它只是体制内粮票，
不是法定货币，更不是外汇券。
专报所决定的事项，
如果是上级对下级布置工作，
一般只对体制内的单位和人有效力，
对行政相对人、诉讼当事人"潘金莲"没有效力！

县长协调"潘金莲"上访矛盾这件事，
是市长张嘉译亲自交办的重点难点工作，
县长用专报汇报做工作的阶段性情况，
张嘉译市长一般会比较重视，
在这份专报上批示的可能性很大。

如果市长认为县里工作措施对路，
会批示给予肯定，打气撑腰！
也让各部门看到，
县长确定的协调意见，

打气撑腰

获得了市长的开光、加持、背书！
毫无疑问，落实起来更有力道。
职务越高的领导所能调动的资源越多，
推动工作的力度也越大。

如果市长认为县长工作不太得力、不太对路，
可能会通过批示或打电话、开会予以纠偏。

如果市长张嘉译没有批示，
也没有打电话，
多半因为看不清事态发展方向，
他想让子弹飞一会儿。

第二十章
信息简报批示的禁忌

干吗分析领导在信息简报上的批示？

手伸太长了吧，你什么目的？

为当领导做储备？

> 给自己定的
> 小目标挺有
> 野心啊！

领导处理文件和信息的程序一旦出了瑕疵，

挨批评的不还是咱们文秘吗？

所以，这一章的目的是为了少挨批评。

下面，试着提出负面清单，

文秘有备无患，用于提醒领导。

清单之外，法无禁止即可行，

领导在信息简报上可以天马行空，

好写最新最美的文字、好画最新最美的图画。

🔊　负面清单 ↖　　　　　　　　　　

专报批示之一

报：万华副县长

同意农业局建议，请抓紧实施。

10/2

万山县三农专报

关于精准扶贫的工作建议

对涉及下一步工作建议、打算的专报，

领导的批示意味着表明态度，属于个人决策意见。

如果该事项属于该领导个人职权范围，

个人当然可以做出行政决策，没毛病。

其实，副县长做出这样批示的机会并不多，

因为许多工作涉及班子其他成员或正职，

🔊　正职 ↖

作为副职，单独做决策的空间并不大。

即便这项工作明白无误是副县长的职权，
有的副县长也要考虑表示对正职的尊重，
那么，他可能会这样批示：

专报批示之二

报：万华副县长

同意县农业局建议，请抓紧实施。
并请报县长阅知。10/2

万山县三农专报

关于精准扶贫的工作建议

副县长认为，虽然在我职权范围，
但"兹事体大"，还是让正职知道一下更好。

请注意！表达尊重只能到这里了，
千万别再节外生枝！什么事都不能过头。

专报批示之三

报：万华副县长

拟同意农业局建议，报请县长阅示。10/2

万山县三农专报

关于精准扶贫的工作建议

批示中出现请上级"阅示"这种请示用语，
不符合规范！专报不承担请示功能。

老万划重点

写专报不能有请示含义，领导批示专报
也不能有请示含义。

属于副县长本职范围的决策事项，

而且百分百有把握的，

只管拍板就是了，泼辣一点！

不要左顾右盼，不要拖泥带水。

如果认为自己不能决定的，

比如涉及财政资金问题，

想请分管财政的副县长支持，那么，

应该让农业局办文或提交常务会议决策。

千万不要在信息简报上写这种批示：

专报批示之四

报：华副县长

农业局所提出的下一步工作建议中，涉及财政投入需求，
建议请刘副县长给予支持。　　10/2

万山县三农专报

关于精准扶贫的工作建议

 支持

这你让分管财政的副县长很为难！

作为同僚，好不容易开次口，

如果不同意，有点不近人情，

抬头低头相见，彼此尴尬。

老万划重点 **领导在专报上的批示，不能向上级或同僚发出决策邀约。**

分管财政的副县长如果同意，

那么这件事算是你们俩商量决策的，

没有通过一把手，

没有通过领导班子集体决策，

如果是比较小的事情也就算了，

如果属于"三重一大"的决策事项，

这样做就不符合科学民主决策的原则。

> 现在审计对这类问题查得很紧！

 三重一大

像下图这样，副职借专报这个载体，
建议正职适时听取工作汇报，行不行？
老万认为，这位副县长的批示没毛病。
副职分管的工作中有超出他决策权限的事项，
请正职召集会议研究，
这没什么不妥。
副职不能在批示中向正职发出决策邀约，
但建议正职开一次会总归是没问题的。

专报批示之五

报：万华副县长

农业局所提出的下一步工作建议中，涉及财政投入和人员编制，建议请县长近期专题听取汇报。10/2

万山县三农专报

关于精准扶贫的工作建议

正职

老万划重点

领导批示专报不能有请示含义；但可以提建议。

副职在批示中赞扬自己所分管的工作，
需要忌讳往自己脸上过分贴金的嫌疑。

专报批示之六

报：万华副县长

万家宅镇的精准扶贫以较少投入撬动了贫困山区自然资源开发，重在形成造血机制，富有成效，值得充分肯定！
10/2

万山县三农专报

重在造血机制 帮助永久脱贫

——万家宅镇扶贫攻坚三年工作纪实

曾经听某县长对农业局长开玩笑说：
专报满天飞，自己表扬自己，有意思吗？

忌讳

县长这是在批评农业局，

还是批评分管农业的副县长？

专报批示之七

报：万华副县长

万家宅镇的精准扶贫以较少投入撬动了贫困山区自然资源开发，重在形成造血机制，富有成效，值得充分肯定！建议全县各乡镇学习推广。 10/2

万山县三农专报

重在造血机制 帮助永久脱贫

——万家宅镇扶贫攻坚三年工作纪实

像上图这样的批示，

如果专报所反映的确实是事实，

那么，这条批示的前半部分没什么问题。

但是，要防止头脑发热、表扬过头，

　充分肯定

防止无意中夹带超越权限的指令或提议。

前面都没问题，有疑问的是最后一句：

"建议全县各乡镇学习推广"

虽然可以提建议，但这个建议略显轻率，不妥。

分管副县长一般不会这样批示，理由：

一是副县长虽然不当家（一般不分管财政），

但也知道柴米油盐贵，发动各乡镇向万山镇学习，

要考虑各乡镇的财力是否能够承受。

二是这种涉及全局的工作，

一般应由正职或经班子集体决策"发调头"。

所以，把最后一句批示改成这样似乎更妥：

"建议有条件的乡镇因地制宜学习借鉴"

老万划重点　对于总结典型经验的专报，副职批示要防止出现超越权限的指令或提议。

　权限

领导在**请示件**上画圈，是表明**同意**的态度。
这一点，似乎没什么争议。

领导在**信息简报**上画圈是几个意思？
一般认为，表明**看过了、知道了**。
这与在请示件上画圈的"意思表示"差别很大。

如果专报中有下一步工作建议和打算的，
一般情况下，领导连画圈都很慎重，
怕底下人把画圈视作同意。

老万划重点

关于下一步工作建议的专报，领导画圈
要慎重。

有种感觉，随着政府治理现代化，
领导在专报上的批示，越来越惜墨如金。

老万觉得，领导减少专报批示表明：

一方面，随着审计制度健全，
领导希望减少个人决策、增加集体决策，
别什么事都推给我一个人"担肩胛"。

另一方面，领导认为，
仅从文字材料上看问题，不够全面准确，
轻易表态，也可能使部门为难。
应该多到一线调研、与基层同志面对面交流，
增强决策的科学化和民主程序意识。

所以，在这样的大背景下，
现在的领导，常常把本应写一大段批示的，
简化为写个"请农业局参阅"或"已阅"；
把应该写"参阅""已阅"的，简化为画个圈；
把应该画圈的，简化为什么都不写。

有的信息简报是办公室报送本级领导的，
属于文秘人员自我加压、没事找事写的。

如果领导常年不在办公室的专报上批示，
文秘们就不知道写得对不对口味；
没有批示就少了一个衡量工作成效的指标。

> 虽然公务员评先进没奖金，但多少是个安慰。

与那些提出问题和建议的专报相比，
总结经验的专报更难获得批示，
因为难免有自我表扬的嫌疑。
凡是领导在总结经验的专报上画个圈，
并郑重其事退回的（专报一般不必退回），
对于惜墨如金的领导来说，
可以理解为"轻度的"认可，
或者至少传递了这样的信号：

本府知道了！

🔊 认可 ▸ 😃 +

校园招聘

学生：
请问贵单位做什么的？

HR：
组织制定技术质量标准，
并负责监督贯彻落实。

学生：
能不能说具体通俗点？

HR：ᅠ比如最近新闻提到某地汤包的标准、鱼
ᅠᅠ香肉丝标准、大饼油条标准。
学生：各地饮食差异巨大各人味口偏好不同，
ᅠᅠ你们是怎么规定的？
HR：ᅠ我们规定最基本的共性问题。
学生：哦！这样解释我就懂了，你们一定是管
ᅠᅠ食品卫生的。

🔊 标准 ▸ 😃 +

第二十一章
信息简报的格式

本章内容特简单、也特直观，
分析信息简报的格式，
仍然以专报为例进行分析说明。
如果认为公文的格式太繁琐，那么，
专报就是专门来解构这种繁文缛节的。
这也是专报被广泛运用的原因之一。

专报的格式，可以说非常随意，
穿拖鞋上班的样子，休闲得有点吊儿郎当。

专报要不要标注签发人？
可以不要！
要不要盖公章？
可以不要！
主题词？不要！

主题词

连文件都把主题词废了！
专报要不要编文号？
不要！不要！还是不要！

要不要版头呢？
不要！哦，不对不对，说秃噜嘴了。
版头一般还是要的。
但没有规定要"套红"印刷，
白纸黑字就行。

模拟几幅插图给大家打个样：

专报格式之一

万山县三农工作专报

万 山 县 农 业 局
县扶贫领导小组办公室　　　　年 月 日

报：万华副县长、长山副主任。

关于2017年扶贫工作的建议

打个样

专报的版头设计需要适当"留白"，
给领导批示留出一定的空间。

专报格式之二

报：万华同志、长山同志。

万山县三农工作专报

万 山 县 农 业 局
县扶贫领导小组办公室　　　年 月 日

关于2017年扶贫工作的建议

"天头"的位置要像列宁同志的额头，疏朗开阔；
两侧要像杨贵妃的脸颊，面积够大，好写批示。

有的专报版头设计得太过，像右图这样，
专门留出一个足球场那么大的空白方框，
并印上"领导批示栏"字样，
好像领导不批示就不够意思了。差评！

留白

专报格式之三

万山县三农工作专报

万山县农委
县扶贫办　　　　　　　年 月 日

领导批示栏：

关于2017年扶贫工作的建议

专报格式尽管随意，但也不是完全没底线，
机关从来就不能随随便便，
不管干什么事，多少要有些仪式感。

听你讲了那么多专报规范，我怎么总感觉机关里把面子看得比天大？

恭喜你！入门了。知道儒家三纲五常的影响深远了吧。

仪式感

涉及格式的要求，至少三项不能少：
制发主体、制发日期、报送范围。

制发日期，不解释。

制发主体，也不用解释。
哪怕是给领导递一张手写的纸条，
只要不是当面递交，一般也要具名，
否则不就成了匿名信、打小报告！

专报格式之四

（此页无正文）

报：**万华副县长、长山副主任。**

－8－

小报告

专报最后一页的底下两条横线框住的内容，
可以像公文一样称为"版记"，
报送范围印在这个位置比较常见。

关于**报送范围**，是本章的重点
可能需要扯开说两句。
报送范围不管印在什么位置，
在分送的时候都需要盖一个蓝色的"名章"。
蓝色名章在文件流转中的作用是：
当多位领导把专报退回办公室的时候，
能够区分哪份是哪位领导退出来的、
搞清楚哪段批示是哪位领导写的。

对于按照级别确定发送范围的资料，
比如《内参选编》，只盖名章就行。
而对于按专门事项确定报送范围的专报，
必须印上报送范围并盖名章。
有的单位专报不印报送范围，
只盖"名章"，像下图这样，一般认为不妥。

名章

专报格式之五

万华同志

万山县三农工作专报

万山县农业局
县扶贫领导小组办公室　　　　　年月日

关于2017年扶贫工作的建议

为什么需要列出报送范围？

因为拿到专报的领导需要知道，还有谁拿到了？

就像请客吃饭，被请的人通常会问：

"今晚还有谁？"

问这句话的时候，内心是非常深邃的，

潜台词之丰富，可以写连载。

当然，饭局发生在遥远的"八项规定"之前。

所以，此处省略文字几车皮。

今晚还有谁

专报格式之六

（此页无正文）

专报：县长、常务副县长、副县长、政府办主任、副主任

抄报：县委书记、副书记、常委、县委办主任、副主任

抄送：县人大常委会党组书记、县政协党组书记

—8—

从这个"版记"可以看出，这是县政府的专报。

县委领导虽然整体比县政府领导"官大"；

但这份专报首先是报县政府领导的，

所以把县政府领导放在第一排。

> 正所谓"县官不如现管"。

关于专报的报送范围，似乎没有统一规定。

现实中，主要防止两种情况：

一是防止事无巨细普遍发送。

现管

就像上图，县里四套班子处级干部都发到了，
这一般是固定发送范围的信息简报的格式，
而不应是专报的报送范围。

应该用制度防止专报多发滥发，
否则文山会海的文山越堆越高，

> 伴奏开启，乐声渐强：我们坐在高高的谷堆上面……

二是该报不报也不对。

处在酝酿工作阶段、涉及领域比较单一的专报，
报送 2—3 位领导的情况较多，一个是副县长，
另一个是协助他工作的县府办副主任。
第三个应该报送的是县政府办公室主任。
所有报送县政府领导的专报，
都应该报送办公室"大拿"，他需要掌握全局。

确定报送范围的原则是，有利于工作！
必须防止因关系亲疏而对个别领导"封锁"信息。

四套班子

有的委办局领导非常犀利，旁眼一瞄，
看出副县长与副主任不对付，吩咐局办公室：
只报副县长；不报副主任。

一般来说，看到领导之间有缝隙，
应该坚持按规律办事，用制度去弥合缝隙；
而不是看人下菜碟、架秧子起哄。

问题是，这种摆不上台面的做法，
居然经常被有的副县长默许。

还有，县府办对专报的统筹把关作用呢？
怀疑县府办的工作规范可能是假规范！

等到副县长开专题会的时候，有好戏看了：
没看过专报的副主任一脸茫然，
不知道副县长和农业局的人在说什么。
当然，副主任脸上未必显山露水。

> 桃李春风一专报，官场恩怨十年仇。

缝隙

三是报送范围写在哪里？

上面几个插图的报送范围，
分别写在"天头"、红线下、"版记"位置，
老万觉得都可以，根据具体情况选用。

还有一种，放在"抬头"的位置，老万不赞成！
放"抬头"位置，私人书信的味道很浓。

专报格式之七

万山县三农工作专报

万 山 县 农 业 局
县扶贫领导小组办公室　　　　　年 月 日

关于2017年扶贫工作的建议

敬爱的万县长：您好！
　　接到您12月3日的批示后，我局立即行动，
召开了班子会议，研究贯彻落实您的批示精神，
并会同有关部门⋯⋯⋯⋯

抬头

老万从小落下个怪毛病，
凡是写"亲爱的""您"这些敬词的时候，
浑身起鸡皮疙瘩，难受得不行不行的，
这是思想没开化、情商发育成歪脖子树了。

私信比"公信"读起来更加亲（rou）切（ma），
这一点相信大家都有体会。
古语云得好，千错万错，马屁没错。
这是会传染和攀比的，也是没底的。
专报是单位之间的"公信"，不是私信。
尽量防止堆砌"敬爱的""您"等词汇！
公事公办的材料，还是要浓眉大眼、堂堂正正！

把副县长称为县长，副县长当然受用；
但这是执笔者的鸡皮疙瘩堆积出来的。

口头上含糊一点也就算了，至少书面不提倡。
这方面情况，据说部队做得很好，
正职与副职的称呼在口头上区分得一清二楚。

开化

专报格式之八

报送长山副主任，并转报万华副县长。

万山县三农工作专报

万 山 县 农 业 局
县扶贫领导小组办公室　　　　年月日

关于2017年扶贫工作的建议

报送长山副主任，并转报万华副县长。
啥意思啊？让主任先看，然后再给县长？
是请主任对稿子再次把关、校对吗？
差遣主任做顺丰快递小哥的工作？
你真拿县政府办公室副主任不当干部啊！

公文的审核、签发过程，
涉及按先后顺序逐个报送，
而已经印制的专报一般是同时报送。

 干部

"报送××并转报××"的格式，历史上存在过，
报送范围中，除了最末的首长，
其他同志都负有继续传递情报的责任。
这是发生在通讯不发达的年代，
发生在纸张紧缺、印刷困难的环境下，
送一份材料不容易，山高水远，
经过多个地下交通站，突破敌方多道封锁线。
这种纵向逐级向上报送材料的写法和做法，
当时需要，现在不合适。
再说，当年可能并没有公文与信息的严格划分。

 交通站

第二十二章
简报的把关处理

老万偶尔有机会到一定档次的餐厅吃饭，
发现与一般路边小店、苍蝇馆子的一点不同：
饭菜并不是从厨房一下子端到餐桌，
而是要分为"两步走"的战略步骤：
先由后厨服务员把饭菜端到大厅的周转台，
再由大厅服务员端到顾客餐桌。包间更是如此。

老万揣摩，上菜的"过桥"程序，
一是避免顾客闻到后厨服务员的油烟味，
二是"前方"服务员负责分割、分送、再次检查。

万一汤里
有只苍蝇
呢？

一定层级的机关，信息简报等文件资料，
也是经过"两下子"才到领导手里。

也就是说，专报被送给领导之前，

 过桥

文秘人员要进行甄别、把关、筛选。
老万做了好些年信息简报把关处理工作。

这样的目录内容，办公族肯定眼熟：

三农工作专报

江山县三农工作专报

江山县农业局 　　　　　　　　　年月日

本期目录

万华局长会见阿里种子公司总裁一行
局纪委召开党风廉政建设大会
局机关举办迎谷雨抓春耕歌咏比赛
事业单位组织女职工观看《爱乐之城》

这份简报内容不专，属于一般的信息简报，
称为专报是概念泛化，用错了地方。

从这份简报的目录可以看出，
前两条具有立此存照、以备查考的作用；
后两条对增强员工凝聚力，多少起点作用。

 泛化

这是人之常情，算不上自恋。

县农业局领导亲自登台与员工一起唱歌，所以，他可能对歌咏比赛的信息感兴趣。

但是，像这种对本单位有价值、对上级没价值的材料，不该报给上级单位。

如果农业局报给县政府领导，县府办的文秘应该拦截，并且告诉农业局，类似的以后不要报了，请节约纸张和人力！

请帮忙看下我的手机怎么卡得厉害？

解决这个问题之前，你必须系统学习手机作为通讯媒介的基本概念、重要意义和应用范式。

副县长可能感兴趣种子公司那条信息；打开看看，写了什么内容：

种子

会见种子公司

江山县三农专报 -3-

万华局长会见阿里种子公司总裁一行

3月8日下午，江山县农业局长万华在县局办公大楼与阿里种子公司总裁一行进行了亲切友好的会谈。

万华局长在讲话中指出，阿里种子公司是技术先进、信誉良好的央企，是代表我国种源农业与孟山犊子抢占市场、保护我国粮食种源安全的"国家队"。江山县是传统产粮大县，自古就有"江山熟、半省足"的美誉，双方合作前景广泛。

县农业局副局长白长山、县种子公司总经理刘长寿，阿里种子公司市场部等二十余人参加了会见。（种子公司供稿）

我相信，县领导看了一定非常失望！
只写亲切友好，而不写会谈内容，
可能因为项目还没确定，不便透露太多。
刊登在公众媒体上，恐怕也只能写这些了。

但是！给副县长报送信息，
如果没有双方会谈的实质内容，
或者分歧、下一步设想，肯定不行！

三农

设置对专报等信息简报把关的程序，
其作用体现在多个方面：
第一是形式把关，防止专报夹带请示事项，
我们之前讨论过，这里不重复。

把关的第二个方面是拦截无关痛痒的内容，
诸如歌咏比赛等，纯粹浪费大家时间。

把关的第三个方面：捍卫专报无纸化！

党政机关推行办公无纸化，已经多年；
但寄送纸质材料的习惯仍然难以改观，
就像裤裆藏雷的抗战剧一样，生命力顽强。

听很多朋友说，有一定规模的企业，
办公信息化比党政机关做得更到位！
多年前看《杜拉拉升职记》等职场影视剧，
俊男靓女在候机楼席地而坐，
或者在快餐店一边啃面包，

一边在手提电脑上写工作邮件。
那场景曾经非常前卫；
现在看，会让长辈心疼。

> 职场竞争激烈，孩子太可怜了！

不少县市的同行向老万提到，
下级单位顽强地寄送纸质专报，
是因为领导漏看电子材料，甚至耽误过工作。

为什么会漏看？老万分析，两个原因：

一是局域网的界面不友好，领导不爱点开。
因为保密要求，或者别的原因，
承揽政府局域网的公司，
不便频繁更换。
因为封闭，所以垄断。
公司一般没有动力给一个稳定客户，
不断投放一流人才，
好钢要用在开拓新客户的刀刃上。
所以，局域网总是比较"卡"，
非常考验使用者的耐心。

歌咏比赛

垄断

二是有的部门经常报歌咏比赛，

领导经常"受骗"，不想再上当。

这么"卡"的局域网，

好不容易点开，

你就让我看歌咏比赛！

你是在逗我吗？觉得我很空闲？

几回回天际误识归舟，

副县长的心里，

唯有长江水，无语东流。

真想把这种单位拉黑！

把关的第四个方面：

提倡每个部门只设一种简报专报

各级机关都有成立临时工作机构的冲动。

比如，精准扶贫领导小组，及其办公室。

MPA 教科书云：

行政机构不断自我膨胀，是一种本能。

临时机构总是不如常设机构权威，

所以会有新设一种简报专报的冲动，

 膨胀

否则担心开展工作的权威不够，

也担心工作成果无法及时呈送领导。

临时机构太多，如果不借助简报专报刷存在感，

真的让人想不起来有这么个机构。

把关人员如何做精简简报的护法金刚？

一是从制度上限制专报种类

每个部门、街镇只设一种报送县政府的简报。

名称、样式事先报县府办备案。

凡临时机构，领导小组办公室设在哪个部门，

就在该部门已有简报中，反映临时机构的工作。

比如，县农业局已经有一份"三农"工作简报，

那精准扶贫领导小组的工作，就在该简报反映。

只要真抓实干，工作有效，不会被埋没。

除非该地区风气很差，是非不分。

 备案

二是从操作手势上从严拦截，

对各单位提要求、定规矩：

专报最好一事一报，有事则报，不必定期。

如果是政府部门的专报，

应严格限于政务内容。

歌咏比赛类的，坚决不要报！

凡是没有价值的专报，

把关人员不要"点"给领导。

让领导的每一次点开，都有获得感。

〔›〕 政务 ▸   😀 ➕

（建设单位与咨询公司对话）

建设：设计方案为什么需要你们审查？

咨询：怕你们乱来。眼看你起高楼，眼看你楼塌了。

建设：我们会按规范设计的。

咨询：出问题就来不及了。

建设：有法律管着呢。

咨询：我们原来是事业单位。

建设：这有关系吗？我没听懂啊。

咨询：更早的时候我们是机关。

建设：难怪啊，我懂了。

〔›〕 事业单位 ▸   😀 ➕

第二十三章
专报是无印良品

为什么老万这几章都用专报举例子？
因为它是信息简报中的一个特别的存在，
本章要对它进行小结。
曾经有新同事提出一个基础问题：专报是什么？
老万写专报二十年、处理专报好些年，
可是，被问起这个事，我居然哑口无言。
想找它的定义，竟然到处都没有！
查了多种公务员培训教辅，
说法不一样，搞得一头雾水、雾中含霾。

我这本号称专著的书，必须回答这个问题。

一、专报是信息简报的一种，是提供给领导参阅的资料。

无印良品

机关每天收到包括专报在内的大量信息简报，
就其来源划分，大致是两个部分：
一部分是机关内部自产自销。
既然设置了那么些机构和部门，
而且三定方案里写明参谋助手的职责，
作为部门，不写，很难证明存在的必要性；
作为个人，不写对不起工资，尽管很低。

另一部分是社会上的智库炮制的。
做课题一定是一项很来钱的营生吧？
否则怎么会雨后春笋般冒出这么多决策咨询机构。

大家争相帮各级领导出主意，想办法，提对策，
言简意赅的和长篇大论的、
质量高的以及不那么高的、
出于公心的和夹带私货的。

二、专报是单向传递、领导不必反馈的信息材料。

智库

专报，不像公文那样正式，
还谈不上需要用一部条例来进行规范。
因此，关于专报的功能、格式、报送程序，
并没有一个放之各省区市皆准的权威说法。
老万所归纳的，是部分省市的惯常做法。

专报没有顶层设计，不同地区单位各有规范，
工作人员入乡随俗、遵照本单位规范执行即可。
但各地的专报有一点是共通的，那就是，
专报都是单向传递的，领导不必反馈。

三、专报是一事一报的信息载体。

专报根据内容指向，报送一位或数位领导，
而且只报送一位领导的情况也很常见；
即便这样，专报的专，也不是海枯石烂、从一而终的专。
专报的"专"字，应该理解为一事一报，
主要对事，而不是对人！

 一事一报

一事一报，可以是一件事的几个方面；
但不能将不相干的几件事放在同一期。

四、专报相比公文，签批程序更简便、格式要求更宽泛。

专报不必盖公章，不必有签发人，
刊头有，可以但并非必须套红印刷。
专报姓公，是广义的公文，不是私信。
流转过手的人、围观的人很多，
适合堆砌肉麻的词汇吗？自己掂量吧。

专报虽然有刊头，但因为不必用红头，
所以，有时也被归入白头材料。

五、专报在向上级报送的时候，没有效力；如果领导在上面做了部署工作性质的批示，那么，它就有了内部的效力。

 白头材料

· 143 ·

我本无心插柳枝，领导垂爱柳成荫。
虽然专报打从根上起，就是参与资料，
是领导可看可不看的"闲篇"；
可一旦被领导"相中"、被领导"翻牌"，
它就立即满血复活。
也就是说，领导的批示可以点石成金，
虽然没盖印章，也可以给专报赋权，
赋予它对内布置工作的效力。
商贸业者眼里：不盖印，也好使。
——专报就是无印良品。

HR 眼里：
专报像是热门单位求职者投的简历，
一般会被告知："回去等通知吧。"
其实，得到 OFFER 的可能性与彩票中奖差不多，
这也类似专报被领导批示的概率。

音乐人眼里：
专报与公文就像副歌与主旋律。

 赋权

专报的多次铺垫，
为最后办文打基础。
就像副歌反复咏唱、营造氛围，
最后把歌曲推向高潮。

生物学家眼里，专报属于：
非公文**纲** Class，
内容专一**目** Order，程序快捷**科** Family，
格式简便**属** Genus，效力可有可无**种** Species

经过这番信马由缰的赋比兴，浪也浪够了，
最后，找个本分的定义嫁了吧。
老万给专报写个定义，写着玩的，别当真：

专报的定义

专报是机关和企事业单位广泛应用的、就某一专
门事项报告情况或提出意见建议的信息简报。

 副歌

政府采购中心

问：为什么你买的比市场价贵？

答：我们是专门定制的。

问：但功能都差不多啊？

答：和市场上那款街机有区别。

问：外型看不出什么区别啊？

答：改进了某些功能。

问：大家觉得功能还不如街机啊？

答：我们是定制的。

问：而且价格贵了一倍多啊。

答：我们是定制的。

🔊　采购

题外篇

很多行业都流行一句滥俗的废话：

功夫在 × 外。

老万理解，机关写材料也是这样。

本篇各章节不是具体谈怎么写材料，

而是给初入机关的朋友谈一点题外话，

希望对你正确看待文字工作有所参考，

对你正确认识自己有所参考，

甚至对你的职业生涯和人生规划有所参考。

题外话

第二十四章
衡量写材料水平的三八线

任何技能如果都能量化，就会减少很多矛盾。

之所以专门谈这个问题，

是因为老万在初学写材料阶段走了弯路，

对领导要求反复修改有过抱怨。

主观上看，是因为当时心智不成熟，

客观上是一些段子把领导说得很官僚：

改来改去又用回当初第一稿，简直折腾人！

现在，老万觉得当年冤枉了领导，这有点酸吗？

"文无定法"是老师谦虚的标签，

初学者不能用它来掩盖自己的不足。

古人用这个词，是为了营造良好氛围，

文无定法

有利于形成百花齐放、百家争鸣的局面；
初学者，无论胡子多长、头发花白，
都属于幼苗，花苞还没长出来，
把自己想象成盛放的花朵，那就错了。

大多数动物都咬不到自己的尾巴。
初学者大多不知道自己哪儿写得不好，
既然你欣欣然把材料交给领导了，
说明以自己的认知来衡量，已经写得很好了；
要是自己看出有问题，通常会再次修改。

> 除非破罐破摔，特别没有责任心。

油腻中年冯唐创设了"金线"理论：
有一条衡量文学作品水平的"金线"。
老万非常认同这位产科医生转行的作家。
老万对所谓"金线"的看法是，
金线只能存在于金线水平以上的作者眼里，
很难转化为可量化、可对比的具体指标。
公文写作应该也有一条衡量水准的线，
线上的，可以胜任一般机关材料写作。

金线

老万从事文字工作时间不短，但天资不够，
长进有限，本不应妄谈什么"线"。
长期原地踏步久了，虽无法突破，
但经常与初学者在线内线外切磋交流，
所以对北纬 38° 线附近一带的地形十分熟悉。
看到初学者的不足，
自然而然回忆起自己当年的困惑，
时间长了，发现初学者有一些共同特征，
拿出来与大家分享，供初学者对照检查。

写材料水平，不仅体现在写的阶段，
还包括在看材料、开会记录、调研过程中，
需要从各个相关环节全面对照检查。

存在以下情况 3 条以上的，
基本可以判断没有越过三八线，那么，
需要重新审视自己的态度、方法、用功程度。

一是对公文的敏锐程度不够。

三八线

看文件自动忽略"指导思想""总体原则"，

凡是比较"虚"的部分都没兴趣细看，

更没有心思区分每次"提法"有何不同。

对于比较长篇的大报告，不想看原文，

等着新媒体小编给你看"干货"，

彩色字体、带图表、带动画，

特别通俗一目了然的那种。

赵本山小品把领导讲话中的务虚部分，

抽象为"嗯啊咿呀"等含混不清的感叹词。

这是典型的不写材料人的共同感觉。

二是开会、调研、座谈的记录不全，抓不住重点。

虽然肩负着会后整理笔记、写纪要的光荣任务，

但大部分时候觉得领导讲的话无关紧要，

没什么新意，不值得记录，

在专心练习"转笔"的绝技。

如果碰上发散思维的领导，

指导思想

会将会议讨论的内容扯得很远，

在领导说"闲话"讲故事的时候听得津津有味，

不习惯于捕捉领导在闲话间隙迸出要紧话。

另外，还有一个小毛病，

当听到领导说出自己不了解的新词语，

不会意识到这是新情况、新概念、新提法，

想当然地认为是领导的口误，

记笔记的时候自带修正功能，

写上了自己认为的内容。

> 真是无知无畏啊！

三是感觉写材料很难开头。

老虎吃天，无从下嘴。

不习惯先写提纲，不善于谋篇布局，

只能边写边想，写到哪里算哪里。

如果现在还处于笔墨纸张的书写时代，

你一定会不断写了撕、撕了写，

修正

把稿纸揉成一团，扔出一个个优美的抛物线。

四是业余时间基本不会想起正在写的材料。

> 公务员就那么点工资，还老要加班。

老万并不提倡占用业余时间工作，
但这是衡量投入程度的一个重要标志，
写材料人一般会有连续的思考，
而且经常会在不经意间有意外收获。
下班不会想起材料，只能是两种情况：
要么是一流高手，班上事班上了结，
要么就是还没入门，没有十分投入。

五是离不开别人提供的基础材料。

觉得除了文件或原稿提供的素材，
很难再写出新的内容。
好不容易挤出一点自己的内容，

素材

写完后又觉得不如文件、报纸归纳得贴切，
最后整理形成的材料，只是剪贴拼凑，
自己创造性的内容不多或基本没有。

六是笔记内容基本用不上。

有时觉得人家的观点没什么价值，
或者觉得基层观点与领导要求有差距。
有时觉得笔记内容虽然有价值，
但是在如何选用方面不能驾驭自如，
好像放哪里都行，或哪里都塞不进去，
这样一来，
调研过程变得可有可无。

七是天然地反感领导要求修改材料。

把材料交给领导的时候，心里没数，战战兢兢。
领导提出修改意见后，

驾驭

首先是感觉领导没有细看自己的材料，
没有发现自己的亮点。
其次，面对领导的修改要求，感到很为难，
觉得好不容易写成这样，浑身脱了层皮，
再重打锣鼓另开张，比登天还难！

开张

第二十五章
"的"字是检验歌手的唯一标准

老万长期写材料，养成了好几个怪毛病，
比如，喜欢给影视剧的字幕挑刺，
看广告牌、店招也在找错别字，
喜欢看别人"的地得"使用正确与否。

老万还是一个很不愿意让别人难堪的人，
看到别人写错助词"的地得"，
从来都是当作没看见的。
其实也是怕人家认为我太鸡毛蒜皮，
"注重细节肯定缺乏大局观"，
这点雕虫小技也值得显摆？

> 人家在单位又不写材料，那么严谨干吗！

虽然装着没看见，但是心里不会没想法。
在老万心里，文字工作者只有两大类，

的地得

会用"的地得"的；不会用的。
以老万的为人，按说本来不想说这个话题，
但看到一个同事发了一条朋友圈，
说某歌手能够把"的"正确地唱成"de"音，
实属难得，应该点赞！
老万随手写了句评论，完全没有过脑子：
"'的'字是检验歌手的唯一标准。"

老万虽不像这位同事那么博学，
但丝毫不影响在文字上有一些洁癖。
自从义务教育阶段学会区分"的地得"，
就对大多数歌手把"的"字唱成"di"音，
表示过十二分的不理解。
曾经问过很多人，包括语言学方面的专家，
也没听到有说服力的说法。

后来，老万家人参加了业余合唱团，
乐队指挥发给大家的乐谱上，
在几个"的"字旁标注了唱什么音，
老万琢磨良久，得到一点线索：

唱成"de"是低音，唱成"di"是高音，
如果"的"字前后是比较高的音，
为了这个字，专门下坡、再上坡，比较别扭；
如果前后都是低音，才适合唱"de"。
老万五音不全，这样理解对不对，
还请懂声乐的读者朋友指教。

讨论这个问题，主要不是为了唱歌，
老万想和大家交流几个观点：
首先，能够正确使用"的地得"，
说明所受的语文教育比较正规，
而且大部分人都是因为"童子功"扎实；
如果小时候没掌握，后来学就比较难。

其次，大环境似乎越来越不支持认真区分，
比如，手机短信、微信、微博，
还有盗版影视剧的字幕等载体，
以及很多名人大 V 都不太讲究。
字幕组给出的是"快餐消费"文本，
他们是义务劳动，不能提太多要求。

看那些盗版剧的，注意力不在这里。

但是，不管外部文字环境如何，
只要国家语言文字委员会没有取消相关规定，
我们在政务信息等正式文本中，
就需要对这 3 个助词严格加以区分。

能够区分这 3 个字的，也别得意，
这也是区分年龄的重要符号之一，
能够正确使用"的地得"，
很大程度上，说明你老了！

关于这个问题，知乎有个神回复：
问："的地得 3 个字还有必要区分吗？"
答："你家**的地得**扫了。"

这个神回复只能当作机巧娱乐一下，
很显然，它混淆了实词和虚词，偷换了概念。
这里面的"地"不是助词，是名词。

 神回复

第二十六章
做一个跨界的写手

当今很多行业提倡跨界融合，
应该也包括文字工作这行
——如果勉强算是一行的话。
所有的文字材料，从功能看，
是不是可以大致归为两类：
一类是拿来派更加现实的、
世俗的、功利性用场的，
比如，政务信息、研报、产品说明书；
另一类主要是供审美的、形而上层面的，
比如，小说、散文、诗歌、网络段子等。

当然，这样划分很不严谨，
咱不是编词典的，反正就这么个意思，
推荐股票的研报，有时也像剧本，

而且是惊
悚片呢！

 研报

也可以按从业人员上班状态进行区分，
前者主要是朝九晚五，公务员等白领什么的；
后者大多不坐班，自由或不太自由的撰稿人。
写这两种文字材料，所需的脑组织有所不同，
有的左脑用得多，有的右脑用得多。
如果跨界从事两类文字材料写作的话，
逻辑思维、形象思维都得到训练，
肯定有利于大脑均衡发展。

相对年轻的办公族，接触网络文字多，
鸡汤、广告软文、黄的和不黄的段子，
南北风味兼容并包，胡吃海塞。
他们上班正襟危坐写严肃文字，
玩手机的时候转换到无厘头风格，
听多了岳云鹏，下笔自然就有了郭德纲。
有的比较老练，两种风格随心切换自如。

非实用文字的阅读和写作训练，
对实用文字写作其实有潜移默化的帮助，

软文

《知乎》上那些"神回复"，
实际上是对各种问题本质的最深刻揭示。

反过来也一样，如果不讲科学，
分不清桃花、梨花、樱花、海棠，
面对着姹紫嫣红，心情大好，
马上来一篇莺莺燕燕的文字抒发感情，
恐怕容易胡子眉毛一把抓，不符合常识，
前后段文字调换秩序，啥也不耽误。

两种文字材料都拿来练练笔，
拓宽阅读和写作领域，可以触类旁通，
可以在文科里找到理工科的乐趣，
在机关公文中体悟到逻辑的魅力。

触类旁通

消费者：联华、华联、世纪联华、世纪华联、北京华联、济南华联、杭州华联这些经常容易搞混，请问工商注册的时候应不应该把关？

工商局：法律法规没有禁止，我们不能干涉。

消费者：我申请开个小卖部，注册名称叫"联华华"或"世纪华华联"或"联华华联"行不行？

工商局：不行！

消费者：法律法规没有禁止，为什么不行？

工商局：容易搞混。

消费者：是否容易搞混由你判断吗？

工商局：
那你觉得该由谁判断？

工商局

第二十七章
机关文字工作的拉美陷阱

办公族当中总有这样一类人，
他们对语言的细腻差异比较敏感，
知道在背后议论别人要隐晦地说：
"新来的领导真有意思"，
大家心知肚明，这决不是褒义评价。

可是，他们对书面表达却始终没掌握，
这类人升职不快的原因自己没意识到，
还常嘲笑会写材料的人"纸上谈兵"。
殊不知，写材料是一个不断思考的过程，
刚写的时候也许没想明白，
写的过程促进思考，写着、改着，明白了，
认识能力和工作能力也就提高了。

隐晦

但本章的重点不在上面！惊悚吧。
职场上，会写材料的人大致要经历两个阶段：

第一阶段：天上掉馅饼的快速成长期。
写材料的特长被上司发现，
可能面临突然的、旱地拔葱式的提升。
接下来，可能全职从事文字工作，
或业务工作与材料起草工作兼顾，
因为业务工作暂时也离不开你，
你是单位里如假包退的骨干，成色十足。
自然，你接触大领导的机会大大增加，
业务能力、宏观思路、智商情商，
各领域的才情被大领导全面了解，
短则一两年、长则三五年，
你可能完成一般同僚十年才能达到的职业高度。
这种结果当然求之不得！

第二阶段，可能遇到"拉美陷阱"。
老万用经济社会发展的瓶颈和混沌状态，

比喻个人职业规划和发展的混沌状态，
因为又拉风又美丽，所以叫着拉美陷阱。
铺满鲜花的道路，可能通向煮青蛙的温泉。

脱离核心业务之后，你所充当的写材料角色，
在一定时期无人替换，
你想华丽转身回归核心业务的愿望，
可能三五年甚至更长时间得不到实现。
当然，也可能你确实适合文字工作，
而且你自己乐此不疲。
那么，你可能在相当长的历史时期，
停留在文字工作岗位，
单位的办公室、研究室、企划部，
将是你十年二十年的归宿。
即便上升，也是被上一级写材料部门相中。
时间一长，自然被领导和周围同事认为，
你只适合写材料，其他岗位不大适合你。

有的单位例外，写材料本身就是核心业务，

比如报纸电台电视台，包括自媒体单位，
编辑记者岗位都是核心岗位。
在这样的单位，可别在总编办待得太久，
为社长总编写讲话稿和单位年终总结，
最多写三年，降级使用也要换岗位，别犹豫！

老万就是在写材料岗位被耽误的！
哎呀，说多了都是泪，不提了。

最后，总结一下，
要把大象搁冰箱，统共分两步：
第一步，先学会写材料，
以准确、出色、快枪手的文字表达，
在同龄人中脱颖而出，进入单位主要领导视野；
第二步，不能满足于、局限于做文字工作，
最多三五年，必须在更高层面回归核心业务，
打开职业生涯的新空间。

对于刚刚调到写材料岗位的人来说，

讲话稿

你买了这本书，真是买对了！
现在需要做的是，果断关注作者的公众号，
或者再加他的微信，长期交流。

公 蚊 不 咬 人
公众号二维码

万华微信二维码

公众号

第二十八章
你的文字、你的世界（后记）

如果你对自己的职业和生存状态非常满意，

那么，不需要阅读本文，老万对你微笑摆手：

好走！不送，祝你继续好运当头！

如果你还希望变成更好的自己，

老万请你按下面这几条对照自查。

多数情况下，改变生存状态需要主观努力，

但有两种情况属于例外：

首先，如果你的颜值被严重低估，

也就是说，明明可以刷脸吃饭，

你自己还不知道，一脸无辜。

一般造成低估的原因不外乎，

小时候养在深山人未识；

长大了，或者因为职业过于安稳，

长期偏安一隅，社交圈子小；

好运当头

或者为人低调、道德感太强，

强到你既不能容忍自己杏眼放电、乱颤花枝，

也对历朝历代的交际花和所谓名媛不屑一顾，

更不会撒泼放刁争取利益。

先哲说，天赋人权。

大多数人虽然点头如捣蒜般赞同，

但比较抽象，

日常感受不具体，获得感不强。

老万要说，天赋颜值，

与人权一样，老天爷给的，不用过期。

有一句充满负能量的话不无道理：

人的成功，三分天定、七分打拼，

剩下九十分全靠长相。

老万为这句话点了九十个赞，

不服的，要么颜值不够，羡慕嫉妒恨；

要么洗脑太深，难以回头，

就算韩国最强的整容医生也救不了你。

好了，这一条不符合的，

pass，继续对照检查。

天赋颜值

其次，突如其来的横福降临，

比如，像改革开放之初，

很多人一夜之间有了海外亲戚，命运大逆转！

金饰、美元、松下彩电、三洋收录机突然都有了。

天上掉下个亲爹，祖荫来了，城门都挡不住。

当然，现在这种情况不多，

当今时代，乾坤朗朗，大路朝天，

你的富裕亲戚无论藏在世界哪个角落乃至火星，

想回来早就回来了。

> 海外富翁的亲戚没有也就算了，千万不要有红色通缉对象。

如果上面两种情况你都不符合，不要气馁，

还有几种需要付出努力的方法，不妨一试：

比较传统、比较笨拙的办法是，

业务上用猛劲，销售业绩精进，

职务快速进阶，收入大大提高。

大器晚成并不鲜见，三四十岁突然开天目，

顿悟，一通百通，这个可能性是存在的，

 祖荫

加上之前的职业基础，可能构成厚积薄发。

注重穿戴打扮是个很不错的捷径，

花费不多、易于操作，

有助提升社交指数和职场竞争力，短期可见效。

老万严重推荐这个办法，

也可以说是老万的泣血之谈。

年轻时的老万，仗着腹有诗书气自华，

常年素颜见人，衣服不破不换。

很多人这方面开悟太晚，

可能源于非常流行的一句鸡汤：

> 这样做人，起码错过一个亿的红包。

穿着得体是对别人的尊重。

老万认为，这是天大的谬误！

是改革开放以来影响最深远的误导！

富裕阶层在这一观念指引下，

到法国、到迪拜大肆买名表、买包，

回国表达对亲朋好友的尊重？得了吧！

实际情况是：穿着得体，我要悦己！

 悦己

穿戴打扮得体，使你的出场显得很有仪式感，
可以让别人对你产生信任，愿意和你交往，
可以使你的上司知道你善于观察流行趋势，
比较敏锐，可以放心委以重任；
也可以让那些想对你使坏招、打算坑你的人，
认为你见多识广，不敢小看你，
本来准备使出来的阴谋诡计，
需要反复掂量，有可能就憋回去了。
而以往所有的宣传，都把这一利己行为，
说成是对别人的礼貌和尊重，
上升到理论层面就是"假性利他"。
这种得罪人的大实话，只能由老万来说了，
谁让老万那么爱思考呢。
这句鸡汤话语，请允许老万改一下：
服装在脱离了保暖和遮羞功能后，
主要起到的作用，一是识别穿戴者的经济实力，
二是体现情商，三是性的诱惑。

唉，对了！你还可以练练书法，字是人的门面。

老祖宗的毛笔书法，练一年半载恐难见效，
估计一般人没耐心继续下去。
可以从硬笔书法入手，
电线杆上贴的广告，钢笔书法速成班很多。

要让书法为你加分，还要看你在什么单位，
如果你的工作具有一锤子买卖性质，比较好办。
字写得漂亮，表面上能唬人，等对方反应过来，
合同已经签了，没有后悔药！
如果你长期混在熟人圈里，
光是字好，不能长久，还得所写的内容妖娆。

好了，不多说了，进入正题了。
万卷归宗，老万是想说，
你也许可以在写材料方面稍微动脑筋，
通过这个途径改变在单位的状态。
很多办公族大概有这样的体会，
口头上能说会道，但一提笔就犯怵，
职业上存在很大局限性。

老万想说，人生在世，官再大也有上级，
并不能总是口头汇报工作，
掌握写材料技能还是很有必要的。

您这位略显独特、从封底开始浏览本书的朋友，
老万在这儿迂回迎候，逮个正着。
没别的意思，还是劝你买下这本书。
上有苍天、下有地铁，良心放中间。
老万保证，只要你读一遍，立马明显提高写作水平，
而且阅读过程绝对轻松愉快。

现在、此刻，这本书已经在你手里了，
老万还有什么可说的呢？
不打扰你了，建议从第一章认真阅读吧。

迎候

[工作交流]

▲黄浦区在街道招商职能剥离的背景下，设立国有专业招商公司，探索专业化、市场化企业服务机制。2015年，根据市委市政府"1+6"文件，该区将招商职能从街道剥离，经整合成"1+3+X"招商体系，"1"为区投资服务分中心，"3"为投资服务分中心，"X"反过来由国资全额出资成立的专业招商公司，其他区属国企、有合作关系的中介机构等。去年一季度，3家专业招商公司相继成立，当年共引进企业140户，其中经纬聚商有限公司当年累计引入78户注册资金5.4亿元。主要做法：

一一加强政府扶持。3家专业招商公司受区金融办指导，在政策许可范围内具有谈判自主权，每家招商公司均获得500万元开办费，支持其早期业务开展，区市场监管理局、商务委等部门为公司员工开展专业轮训，帮助其熟悉行政审批流程，从而为企业提供更加专业高效的服务。

一一加强招商服务。专业招商公司为企业提供专业服务平台，并积极协调政府部门延伸提供企业开办服务事项，如免费代办、虚拟场地注册登记、人力资源介绍、教育培训、科技信息、物业管理等，与多类专业服务业机构合作，如与工商银行卢湾支行、建设银行黄浦支行、戴德梁科、北京外企德科、上海上市公司协会等专业机构签署协议，为入驻企业提供全方位服务；注重市场宣传，如经纬聚商与成都市国资委有意向建立长期合作关系，成为双方企业向外开发

— 6 —

托马斯食品公司(中国)有限公司(Thomas Foods International)是澳大利亚最大的肉类屠宰加工家族企业。去年1月,该公司计划在亚洲来设亚洲区总部,托马斯将其子公司设在华浦,居注册名称须商与其沟通对接。托马斯同意将子公司设在华浦,居注册名称须含有中国"两个字,经纬聚商通过区市场监管局,市工商局层层上报,顺利从国家工商总局拿到"托马斯食品(中国)有限公司"名称核准。在随后的企业设立审批材料准备中,企业方希望能够掌握每一流程的具体要素、时间节点等要素。他们的长期合作伙伴经纬聚商名律师可谓事无巨细,经纬聚商知晓后,建议企业将设立申请和许可申请材料准备同步进行,整理了专门的事项清单且注明每一环节注意事项,并积极协助其准备相关申报材料,和企业工作人员组建微信群,随时为提供解答咨询。由于材料准备齐全、初审通过后可证。由于托马斯的产品仓库位于浦东临港,经纬聚商向区市场正式提交,5个工作日就顺利拿到营业执照,之后,迅速拿到了许局提出申请,由该局及函请浦东市场局协助勘验场地,两个部门相互配合,较快完成地勘验。

读者首家旗舰书店设立为例,读者出版传媒股份有限公司是总部位于兰州的国有控股上市公司,旗下最有名的品牌是《读者》杂志。2017年有意设立读者品牌区域综合性服务—营销平号,并在该地址注册成立了读者(上海)文化创意有限公司。在此过程中,经纬聚商助读者高效帮读者办理营业执照,并协助其

-7-

"X"包括区属企业（设有招商职能，但并非主营业务）招商、中介机构招商、合作招商等。为使招商体系中的"X"做实，发挥更加有效可靠的招商功能，去年已季度，相继成立了3家区属国资全资的专业招商公司，当年共引进企业140户，其中经纬聚商企业服务有限公司引入78户，注册资金5.4亿元。

一 招商服务企业的国资背景使其在政务服务资源整合方面具有独特优势。以经纬聚商为例，公司负责人尽可能熟悉各类企业开办流程，能做简单的"二传手"政策。区市场监管局、商务委等部门给予有力支持，为公司员工开展专业轮训，帮助其熟悉行政审批流程。

二 招商服务企业熟悉区情加上专业化、市场化运作，使其能够更好地发挥区位优势。经纬聚商公司了解历史保护建筑的有关要求，建立了专门的楼宇资源平台，掌握黄浦区及重点楼宇租赁动态情况。与多类专业服务业机构合作，如与工商银行户湾支行、建设银行黄浦支行、戴德梁行、北京外企德科、上海上市公司等专业机构签署协议，为入驻企业提供全方位服务；注重市场宣传推介，成都市国资市国委在全网上看到经纬聚商的消息，专程到上海学习交流，有意向建立长期合作关系。诸

三 在引进马斯食品（在意）设立亚洲总部的过程中，（Thomas Foods International，是澳大利亚最大的肉类屠宰加工家族企业），经纬聚商公司在该公司与政府审批部门之同架起了桥梁，快速解决了企业三大诉求：一是企业注册冠名"中国"诉求。公司提出注册名称必须含有"中国"两个字，否则将选择到香港或新加坡注册，

经纬聚商通过区市场监管局、市工商局层层上报，（年初）企业提出要求，4月底顺利从国家工商总局拿到"托马斯食品（中国）有限公司"名称核准。二是希望企业助所需材料及流程方面得到全程的明细指导并全程引导办理，托马斯公司此前委托他们的长期合作伙伴著名的"四大"某下属机构办理，经纬聚商知晓后及时介入，建议企业将设立申请和许可申请材料准备同步进行，整理了专门的事项清单并注明每一环节注意事项，并积极协助其准备相关申报材料，和企业工作人员齐全，初审一次通过后正式提交，5个工作日跨区行政区询。由于材料准备齐全，之后，随时对接微信群，随向对接提供解答咨顺利拿到营业执照。三是涉及跨区行政区处理事项的问题，由于托马斯的产品仓库位于浦东临港，经纬聚商向区市场监管局提出申请，由该局发函请东浦东市场监管局协助勘验场地，两个部门相互配合，很快完成场地勘验。

在引进读者全国首家旗舰书店的过程中，（读者出版传媒股份有限公司是总部位于兰州的国有控股上市公司，旗下最有名的品牌是《读者》杂志）经纬聚商了解了读者文化传媒公司对地段的历史文化积淀十分看重，通过努力，最终促成读者首家旗舰店选址九江路230号，并在该地址注册成立了读者（上海）文化创意有限公司。在此过程中，经纬聚商免费、高效帮助读者办理营业执照，并协助其与区市场监管局、卫计委、文化局等区旅游局接洽，推荐旗舰店加入开业前的各项许可；帮助企业与区与区旅游局接洽，推荐旗舰店加入"黄浦最上海"品牌文化旅游项目。由于九江路230号属于上海市第五批优秀历史建筑，在装修方面有严格规定，经纬聚商协调市

③

机道交通车站应对大客流"四长联动"(地铁站长、轨交公安警长、属地街镇长和派出所所长)应急处置相关工作。研究企业专利侵权与被侵权风险工作，年内将与中国大地财产保险股份有限公司上海分公司合作开展新险种试点。研究绿色建筑发展工作，计划年内出台绿色建材三年行动方案。(市有关部门、相关区政府)

[工作交流]

▲黄浦区在街道剥离招商职能的背景下，设立国有专业招商公司，探索专业化、市场化招商服务机制。2015年，根据市委市政府"1+6"文件精神，该区将招商职能和相关职能从街道剥离，整合成"1+3+X"招商体系，"1"为区金融办，"3"为3个区级服务分中心，"X"包括区属企业(有招商职能，但并非主营业务)招商、中介机构招商、合作招商等。为使招商体系中的"X"进一步做实，发挥更加有效可靠的招商功能，去年，相继成立了3家区属国资全资的专业招商公司，当年共引进企业140户，其中经纬聚商企业服务有限公司引入78户，注册资金5.4亿元。

一是招商企业背景使其在政务服务方面具有独特优势。以经纬聚商为例，在与政府部门的工作对接中主动跨前，不能做简单的"二传手"。区市场监管局、商务委等部门给予了有力支持，为公司员工开展专业轮训，帮助其熟悉行政审批流程和各类扶持企业的政策。

- 6 -

2.在引进托马斯食品（Thomas Foods International 是澳大利亚最大的肉类屠宰企业）在黄浦设立亚洲总部的过程中，经纬聚商公司与政府审批部门之间架起了桥梁，快速解决了企业三大诉求：一是企业注册冠名"中国"诉求。公司提出注册名称必须含有"中国"两个字，否则将速率到香港或新加坡注册，经纬聚商通过区市场监管局，市工商局层层上报，从企业申初提出要求，到④年月底，加国家工商总局量到"托马斯食品（中国）有限公司"名称核准。二是希望获得申办企业所需材料明细及全部流程并全程引导亦理。公司觉得效率不高。托马斯公司委托他们的长期合作伙伴著名的"四大"某下属机构亦理，经纬聚商如晓后及时介入，建议企业将设立申请和许可申请材料准备同时进行，整理了专门的事项清单且注明每一环节注意事项，和企业工作人员组建微信群，24小时在线提供解答咨询。由于材料准备齐全，初审一次通过，5个工作日顺利拿到营业执照，之后，迅速拿到了许可证。三是涉及跨行政区事项获得高效办理。由于托马斯的产品仓库位于浦东市场，经纬聚商向区市场监管局提出申请，由该局发函为浦东市场监管局协助勘验场地，两个部门相互配合，很快完成场地勘验。

(二)招商企业熟悉区情加上专业化、市场化运作，使其能够更好地发挥区位优势。经纬聚商公司建立了专门的楼宇资源平台，掌握黄浦区重点楼宇租赁动态情况，面向市场加强与各类专业服务机构合作，如与戴德梁行、北京外企德科、上海上市公司协会、工商银行户湾支行、建设银行黄浦支行○等专业机构签署协议，为入驻企业提供全方位服务；注重市场宣传推介，成都市国资委在网上看到经纬聚商的消息，有意向建立长期合作关系。

在引进读者全国首家旗舰书店（母公司为读者出版传媒股份有限公司是总部位于兰州的国有控股上市公司）的过程中，《读者》杂志为其旗下品牌，经纬聚商了解到文化传媒公司对书店地段的历史文化积淀十分看重，热情陪同客户走遍黄浦各风貌区，最终选址九江路230号，并在该地址注册成立了读者（上海）文化创意有限公司。同时，免费、高效帮助办理营业执照，并协助其与市场监管局、卫计委、文化局等部门沟通，使企业顺利取得开业前的各项许可；帮助企业与园区旅游局接洽，推荐旗舰店加入"黄浦最上海"品牌馆文化旅游项目。由于九江路230号属于上海市第五批优秀历史建筑，在装修方面有严格规定，经纬聚商协调市历保中心对施工方案进行专家评审，帮助企业解决了装修与物业方（黄浦置地）及属地街道（外滩街道）沟通的各种问题。该旗舰店目前正在装修，预计4月中旬开业。（黄浦区政府）

[外地消息]
▲
▲

取得了较好的成文

究绿色建筑发展工作，计划年内出台绿色建材三年行动方案。(市有关部门，相关区政府)

[工作交流]

▲黄浦区在街道剥离招商职能的背景下，设立国有专业招商公司，探索专业化、市场化招商服务机制。2015年，根据市委市政府"1+6"文件精神，该区将招商职能和相关人员从街道剥离，整合成"1+3+X"招商体系，"1"为区金融办，"3"为3个投资服务分中心，"X"包括区属企业(有招商职能，但并非主营业务)招商、中介机构招商，合作招商等。为使招商体系中的"X"进一步做实、发挥更加有效可靠的招商功能，去年相继成立了经纬聚商、稳达、思园3家区属国资的专业招商公司。当年就取得显著成效，共引进资企业140户，其中经纬聚商企业服务有限公司引入78户，注册资金5.4亿元。

这3家国资招商公司均采取精干模式，员工分别只有6~8名不等，除负责人外，都是市场化招聘。之所以取得如此成效，主要是发挥了两个方面优势：

一是招商企业的国资背景，使其在政务服务资源整合方面具有独特优势。如经纬聚商案例，公司负责人要求员工尽可能像全科医生一样，熟悉各类企业开办政策和流程，在与政府部门工作对接中主动跨前，不能做简单的"二传手"。区市场监管局、商务委等部门给予了有力支持，为公司员工开展专业轮训，帮助其熟悉行政审批地流程和各类扶持企业的政策。在引进托马斯食品(Thomas

*区有关部门
大力支持，
使招商
企业也...*

— 6 —

国资委在网上看到经纬聚商的消息，专程到上海学习交流，有意建立长期合作关系。在引进读者全国首家旗舰书店（母公司为读者出版传媒股份有限公司，是总部位于兰州的国有控股上市公司，《读者》杂志为其旗下品牌）的过程中，经纬聚商在洽谈中敏锐地捕捉到该公司对书店地段的历史文化积淀十分看重，于是热情陪同客户走遍黄浦各风貌区，最终选址九江路 230 号，并在该地址注册成立了读者（上海）文化创意有限公司。

营业执照，并协助其与区市场监管局、卫计委、文化局等部门沟通使企业顺利取得开业前的各项许可，帮助企业与区旅游局接洽、推荐旗舰店加入"黄浦最上海"品牌文化旅游项目。由于九江路 230 号属于上海市第五批市历保优秀历史建筑，在装修方面有严格规定。经纬聚商主动与历保中心对接，对施工方案进行专家评审、办理等门的施工许可，并与物业方（黄浦置地）及属地外滩街道积极沟通，帮助企业解决了装修中可能对居民和相邻单位的干扰等各种问题。该旗舰店目前正在装修，预计 4 月中旬开业。（黄浦区政

附）

图书在版编目（CIP）数据

写材料算怎么回事：信息写作方法论 / 万华著. —— 上海：
上海三联书店，2019.6
　　ISBN 978 - 7 - 5426 - 6484 - 6

　　Ⅰ.①写… Ⅱ.①万… Ⅲ.①国家行政机关—公文—写作
Ⅳ.①H152.3

　　中国版本图书馆CIP数据核字(2018)第206433号

写材料算怎么回事：信息写作方法论

著　　者 / 万　华

责任编辑 / 郑秀艳
装帧设计 / 一本好书
监　　制 / 姚　军
责任校对 / 张大伟

出版发行 / 上海三联书店
　　　　（200030）中国上海市漕溪北路331号A座6楼
邮购电话 / 021 - 22895540
印　　刷 / 上海盛通时代印刷有限公司

版　　次 / 2019 年 6 月第 1 版
印　　次 / 2019 年 6 月第 1 次印刷
开　　本 / 710 X 1000　1/16
字　　数 / 100 千字
印　　张 / 11.25
书　　号 / ISBN 978 - 7 - 5426 - 6484 - 6 / H · 75
定　　价 / 60.00 元

敬启读者，如发现本书有印装质量问题，请与印刷厂联系 021 - 37910000